GUOJI KEJI HEZUO ZHISHI CHANQUAN
BAOHU SHIWU ZHIYIN

国际科技合作知识产权保护实务指引

吴汉荣　耿燕　张业倩　编著

华南理工大学出版社
SOUTH CHINA UNIVERSITY OF TECHNOLOGY PRESS
·广州·

图书在版编目（CIP）数据

国际科技合作知识产权保护实务指引/吴汉荣等编著. —广州：华南理工大学出版社，2019.8

 ISBN 978－7－5623－6100－8

Ⅰ．①国… Ⅱ．①吴… Ⅲ．①国际科技合作-知识产权保护-研究-中国 Ⅳ．①D923.404

中国版本图书馆 CIP 数据核字（2019）第 183441 号

Guoji Keji Hezuo Zhishi Chanquan Baohu Shiwu Zhiyin
国际科技合作知识产权保护实务指引
吴汉荣　耿燕　张业倩　编著

出 版 人：	卢家明
出版发行：	华南理工大学出版社
	（广州五山华南理工大学17号楼　邮编：510640）
	http://www.scutpress.com.cn　E-mail: scutc13@scut.edu.cn
	营销部电话：020－87113487　87111048（传真）
策划编辑：	谢莱莉
责任编辑：	陈 尤　谢莱莉
印 刷 者：	广州市人杰彩印厂
开　　本：	787mm×960mm　1/16　印张：9.5　字数：176千
版　　次：	2019年8月第1版　2019年8月第1次印刷
定　　价：	48.00元

版权所有　盗版必究　　印装差错　负责调换

前言
PREFACE

本书为笔者多年来在开展国际科技合作知识产权管理服务工作中，将实务经验和理论分析相结合的成果，较为系统地分析了国际科技合作知识产权实务中的重点及难点问题。

全书共七章，首先明晰知识产权、国际科技合作和国际科技合作知识产权保护的基本含义、特点形式、驱动因素等，针对国际科技合作中涉及的知识产权具体类别、研究成果权属问题进行了理论分析。其次，对知识产权的国际保护、知识产权保护国际条约体系及中国知识产权法律体系进行了系统梳理。以典型国家及区域为例，结合各自国际科技合作的特点，系统分析其知识产权法律体系、知识产权管理现状，以及知识产权执法等情况。以此为基础，本书在阐述国际科技合作知识产权保护协议的主要内容、注意问题的同时，立足国际科技合作知识产权管理的实务工作，针对不同类型知识产权协议（条款）参考文本进行具体分析。最后，以广东省国际科技合作知识产权保护现状为样本，开展广泛调研并提出了相关调研结论和政策建议。

本书第1章由耿燕、张业倩编写，第2章由吴汉荣编写，第3章由耿燕编写，第4章由吴汉荣编写，第5章由吴汉荣、杨宁、耿燕、许莹莹、张业倩、伍维维编写，第6章由吴汉荣编写，第7章由耿燕、吴汉荣编写。全书由吴汉荣、耿燕统稿。

本书在编写过程中引用和参考了世界知识产权组织等国内外有关网站和出版物的资料，在此表示感谢。特别感谢中国国际科技合作协会课题组、广东省科学技术厅交流合作处提供大量的知识产权研究材料、科技合作案例。这些宝贵的材料丰富了本书的内容，方便了本书的编写。

本书可为开展国际科技合作知识产权实务工作的企业、高校及科研院所从业人员提供有益借鉴，并为完善我国科技合作知识产权管理的理论发挥积极作用。

目录 CONTENTS

1 引言 ··· 1
　1.1 研究意义 ··· 1
　1.2 研究内容 ··· 4
　1.3 研究方法 ··· 5

2 知识产权与国际科技合作 ··· 6
　2.1 知识产权的基本含义与特点 ··· 6
　2.2 国际科技合作及其驱动因素 ··· 8

3 国际科技合作涉及的知识产权 ·· 10
　3.1 国际科技合作涉及知识产权的研究成果 ······················· 10
　3.2 国际科技合作的研究成果权属问题 ····························· 12

4 国际科技合作知识产权保护的法律体系 ··························· 22
　4.1 知识产权的国际保护 ··· 22
　4.2 知识产权保护国际条约体系 ······································ 23
　4.3 中国知识产权法律体系概况 ······································ 25

5 国际科技合作和知识产权法律概况 ································· 32
　5.1 美国国际科技合作和知识产权管理制度 ······················· 32
　5.2 英国国际科技合作和知识产权管理制度 ······················· 54
　5.3 欧盟国际科技合作和知识产权管理制度 ······················· 64
　5.4 以色列国际科技合作和知识产权管理制度 ···················· 73
　5.5 日本国际科技合作和知识产权管理制度 ······················· 85

6 国际科技合作知识产权保护协议 ······ 93
6.1 国际科技合作知识产权的合同保护 ······ 93
6.2 国际科技合作知识产权保护协议主要内容 ······ 93
6.3 签订国际科技合作知识产权保护协议（条款）应注意的问题 ······ 94
6.4 不同类型知识产权协议（条款）参考文本 ······ 96

7 广东省国际科技合作知识产权保护现状 ······ 127
7.1 调研简介 ······ 127
7.2 调查问卷统计特征 ······ 129
7.3 调查结果分析 ······ 131
7.4 调查结论 ······ 135
7.5 政策建议 ······ 136

参考文献 ······ 139

1 引言

1.1 研究意义

随着科学技术的迅速发展，各国在科学研究和技术开发领域的国际科技合作变得日益紧密。而知识产权制度的不断完善，也极大促进着各国之间的国际科技合作向纵深发展。不断加强和改善知识产权法律制度和管理体系，形成国际科技合作下知识产权保护的有利环境，必然会对我国的科技合作和技术创新形成极大的推动作用。

国际科技合作研究的成果主要为凝聚着人类创造性劳动的知识产权。作为知识产权的科技合作成果，由于其本身是开展科技合作的目的所在，且又具有无形性、地域性、易复制性等特点，合作研究各方能否取得、何时取得及取得何种智力成果在签订协议时都是未知的，合作各方对未来成果的贡献事先也难以做出精确的估计，一般都需要待研究完成以后方可确定。正是由于这种不确定性因素，一旦合作成功，产生了相关的智力劳动成果，如果在合作之初没有很好地对成果的归属和分享问题做出明确的约定，就容易产生纠纷。一旦纠纷产生，由于纠纷的主体处于不同的国家和地区，解决起来又相对比较麻烦，既涉及合作前或者合作过程中合作各方签订的科技合作协议，又涉及国际私法的法律规范。因此，研究国际科技合作中的知识产权问题，就显得非常重要。它既有利于防范国际科技合作中纠纷的产生，有效保护合作者在合作过程中所应得的利益，又有利于促进国际科技合作的顺利开展，推动合作各方共同的技术进步。

1.1.1 知识产权是国际科技合作的核心要素

尽管国际科技合作的概念有狭义与广义之分，但它们的区别主要是在概念的外延上。狭义的概念指来自不同国家的科学家为了协同的研究目标进行联合项目或共享共有信息，它把国际科技合作限定于国际科技创新过程的合作。而广义的概念则涵盖与科学或技术有关的一切跨国交流或合作活动，不仅包括科技创新的合作，也包括科技企业创业过程的合作，以及一切与此相关的交流或合作活动。但从概念的内涵上讲，不管是广义还是狭义的国际科技合作，其核心都离不开知识、技术、信息的共享。

从各个国家参与国际科技合作的驱动因素分析，不论是保持科研领先优势，提高创新能力和国家竞争力，还是携手应对全球性的挑战，其着眼点都离不开通过国际合作更有效地获得世界范围内的优秀智力成果为己所用。不管是通过国际合作实现优势互补，抑或是保持对科技制高点的领导地位，还是为了有效降低知识获取的成本，提高科研效率，各种合作最终的目的还是围绕知识产权的分享和权利的分配得以实现。因此，知识产权是国际科技合作的核心要素。一切的国际科技合作不论其内容有多少差异，形式有多么复杂，从权利义务的角度分析都是围绕知识产权的分享、共同创造、合理分配来展开的。

1.1.2 世界各国科技合作需求不断增长

当今时代科学技术发展迅猛。科学技术是在人类共同努力、相互交流中发展起来的。特别是今天，学科之间的渗透日益扩展，科学技术领域日益扩大，研究开发向高层次迈进，使得一些大科学研究项目越来越具有全球性，科研与创新的国际化趋势不断强化。其主要表现：其一，科技创新合作的国际化。开展跨国科技合作有利于提高参与国的基础研究水平，有利于吸收世界范围的创新思想，促进科学技术进步。以欧盟为例，作为当今世界最具影响力的联盟组织，其跨国科技合作是经济与政治一体化的延续和展开，是科技创新国际化的典范。其二，科研人员流动的常态化。科研合作必然涉及科学家和研究人员的跨境流动。高水平科技创新人才的"引进来"和"走出去"正成为各国特别是发展中国家关注的焦点问题。其三，科技创新体系的网络化。一个在地域上覆盖全球，在主体上涵盖高校、科研院所、创新型企业和政府管理部门，在领域上囊括几乎所有行业的全球创新体系正在悄然构建，使得各国越来越多地依赖外部资源、国际合作及全球创新网络。当今世界合作创新无论是在数量上还是质量上都进入新的发展阶段，跨国科技合作已经成为不可阻挡的历史潮流。

虽然科技合作在国际关系中既有合作又有竞争，但是由于国际科技合作对人类社会进步有利，对合作各方的经济和科技发展有利，因此各国政府都十分重视，纷纷采取有力措施支持本国科技人员参与国际合作，并吸引外国专家、学者参与本国的科研和技术开发工作。全世界对国际科技合作的需求呈现不断增长的良好态势。

1.1.3 国际科技合作中的知识产权保护日益引起广泛重视

虽然各国高度重视国际科技合作，取得了很多重要成果，但在国际科技合作过程中，知识产权的保护同样变得十分敏感。1994年，美国和一些西方发达国家在《关税与贸易总协定》（GATT）乌拉圭回合中将知识产权保护作为谈判的一个重要议题，并由此达成了《与贸易有关的知识产权协定》（TRIPs协定），它是世界贸易组织（WTO）一揽子协议中的一个重要组成部分，并对各国的知识产权保护发挥着举足轻重的作用。TRIPs协定在知识产权领域建立了各WTO成员方应达到的最低标准，知识产权与国际贸易的合法关系得以以国际法律文件的形式正式确立，至此从国际贸易的角度构建了知识产权国际保护的新体制。TRIPs-plus条款的目的在于通过减少权利限制和例外情形，以及削弱TRIPs协定弹性条款，提高知识产权保护水平和扩展权利保护范围。《反假冒贸易协定》（ACTA）进一步强化了知识产权执法，构建了后TRIPs时代知识产权保护国际新秩序。

在经济全球化和一体化的背景下，知识产权保护已成为世界各国维持其技术优势、确保其国内企业在国际贸易中的利益、提高其国内产业国际竞争力的重要战略决策。世界各国通过签订双边或多边协定或者在有关国际协定中增加知识产权条款以达到保护本国知识产权的目的；创新型国家还通过签订各种双边及多边自由贸易协定，不仅使知识产权条款成为国际贸易规则的必备构件，更进一步谋求知识产权国际保护规则的一体化。例如，美国21世纪知识产权战略的基本使命是，确保知识产权系统对全球经济鼓励创新投资和加强企业精神作出贡献。其中，维护美国国家发展的根本利益是其知识产权战略的核心。日本实施知识产权战略主要包括知识财产的创造战略、知识财产保护战略、知识财产运用战略以及人才培养几大重要部分，并把知识产权保护政策列为日本四大产业技术政策之首。可以预见，随着国际科技合作范围不断扩大和深度不断加深，合作中知识产权的保护和管理必将日益受到广泛的重视，围绕国际科技合作中知识产权的义务分担、权利分享、利益分配等方面的问题将成为国际关系中引人注目的新热点。

1.2 研究内容

本书为笔者多年来开展国际科技合作知识产权管理服务工作的重要成果。为了对国际科技合作知识产权保护问题的研究更加具有说服力和针对性，本书采用理论分析和实证分析相结合的方法，较为系统地研究了国际科技合作知识产权实务中的重点及难点问题，为开展国际科技合作知识产权实务知识研究的企业、高校及科研院所从业人员提供有益借鉴，并为完善我国知识产权管理的理论和实践发挥积极作用。本书研究内容主要包括以下三个方面。

1.2.1 概念界定

本书对知识产权、国际科技合作和国际科技合作知识产权保护进行了针对性的概念界定。阐述了知识产权的含义与特征，国际科技合作的概念、形式与驱动因素。同时，针对国际科技合作中涉及的知识产权具体类别、研究成果权属问题进行了理论分析。

1.2.2 体系梳理

本书对知识产权的国际保护、知识产权保护国际条约体系及中国知识产权法律体系进行了系统梳理。同时，以欧盟、美国、以色列和日本等重点对象国为例，从国际科技合作的政策、模式及发展模式等方面介绍了具有典型性的国际科技合作情况，从知识产权法律体系、参与或缔结的知识产权国际公约、知识产权管理及执法情况等角度介绍了差异化的知识产权法律情况。

1.2.3 实务剖析

本书在阐述国际科技合作知识产权保护协议的主要内容、注意问题的同时，立足国际科技合作知识产权管理的实务工作，针对英国兰伯特知识产权条款范本、欧盟第七框架计划知识产权协议指南及英国兰卡斯特中国企业催化项目知识产权管理协议等参考文本进行具体分析。最后，针对广东省国际科技合作知识产权保护现状，开展广泛调研并提出了相关调研结论和政策建议。

1.3　研究方法

1.3.1　文献分析法

本书通过收集归纳国内外文献及专著，对知识产权、国际科技合作及国际科技合作中的知识产权保护等问题进行了系统整合，并广泛开展国内外典型性国际科技合作知识产权保护的体系梳理，为广东省国际科技合作知识产权保护工作提供有效的理论借鉴。

1.3.2　理论分析法

本书的理论分析法主要是从法律理论上探索和研究国际科技合作中的知识产权问题，研究内容主要包括国际科技合作涉及的研究成果、研究成果的归属和分享、国内外国际科技合作涉及的知识产权保护法律体系等。这种研究方法研究出来的结果可以为实践提供理论上的参考和借鉴意义。

1.3.3　实证分析法

本书的实证分析法主要通过证据和数据来分析国际科技合作中存在的知识产权问题。其具有两个明显的特点：一是通过对体验事实的观察、分析并以此为依据来建立和检验各种理论；二是在事实领域之外，运用逻辑和纯数学知识。本书的实证分析方法采用的是问卷调查的方法，基于实证分析得出相关政策建议。

知识产权与国际科技合作

2.1 知识产权的基本含义与特点

2.1.1 知识产权的含义

世界知识产权组织（WIPO）对"知识产权"的定义如下：

知识产权是指智力创造：发明、文学和艺术作品，以及商业中使用的符号、名称、图像和外观设计。知识产权分为两类：工业产权，包括专利、商标、工业品外观设计和产地地理标志；版权，包括文学和艺术作品，例如小说、诗歌和戏剧、电影、音乐作品；艺术作品，例如绘图、绘画、摄影作品和雕塑，以及建筑设计。与版权相关的权利包括表演艺术者对表演拥有的权利、录音制品制作者对录音制品拥有的权利，以及广播组织者对广播电视节目拥有的权利。

为便于精确理解，现将原英文释义直接摘录如下：

Intellectual property: refers to creations of the mind: invention, literary and artistic works, and symbols, name, images and designs used in commerce. Intellectual property is divided into two categories: Industrial property, which includes patents, trademarks, industrial designs and geographical indications of source; and copyright, which includes literary and artistic works such as novels, poems, and plays, films, musical works, artistic works such as drawings, paintings, photographs and sculptures, and architectural designs. Rights related to copyright include those of performing artists in their performances, producers of phonograms in their recordings, and those of broadcasters in their radio and television programs.

根据以上的定义，知识产权是从事智力创造性活动取得成果后依法享有的财产权利。1967年在瑞典首都斯德哥尔摩签订的《建立知识产权组织公约》对知识产权做了比较系统的规定，即知识产权分为工业产权和版权两大类，具体包括：①文学、艺术和科学著作或者作品；②表演者的演出、唱片或录音带和广播；③各个领域的发明；④科学发现；⑤工业品外观设计；⑥商标、服务标志和商号名称及其标识。1994年在摩洛哥首都马拉喀什签订的《与贸易有关的知识产权协议》规定，知识产权包括：①版权与有关专利；②商标；③地理标志；④工业品外观设计；⑤专利；⑥集成电路布图设计；⑦未经披露信息（即"商业秘密"）的保护。总之，知识产权涉及人类一切智力创造的成果。

2.1.2　知识产权的特征

知识产权的权利客体是智力成果，具有非物质性，因此知识产权是一种无形财产权，同动产、不动产等物质性财产权利相比具有以下几个特征。

一是知识产权的专有性。包括两方面的含义：一方面，知识产权权利人对他的智力成果享有独占的、垄断的和排他的权利，该权利受法律保护。未经知识产权人的许可而使用该智力成果即为侵权；另一方面，同一项知识产权只能有一个权利人存在，即同一项智力成果不允许有两个或两个以上的同一属性的知识产权并存。

二是知识产权的地域性。知识产权作为一项专有权利，其效力在地域范围上要受到一定限制，具有严格的领土性特征。根本原因是权利人对智力成果的专有权是由权利人所在国的法律赋予的，法律的地域性决定了知识产权效力也具有相应的地域性。

三是知识产权的时间性。各国法律对知识产权的存续期分别规定了一定期限，期满后权利自动终止，该智力成果就成为人类的共同财富，任何人都可以无偿使用。

四是知识产权的法定性。知识产权是法律创制的财产权利，只有经过法律确认并予以保护的智力成果，才能成为知识产权的客体。因此知识产权的主张与实现，与知识产权实施地的法律环境密切相关。

2.2 国际科技合作及其驱动因素

2.2.1 国际科技合作的概念

根据国际科技合作所追求的政策目标的差异,国际科技合作有狭义范式和广义范式之分。在狭义的科技合作范式下,国际科技合作的主要目的是联合不同国家的资源和知识以提升科学与研究的质量、范围和水平。例如,美国兰德公司在白宫科技政策办公室委托其完成的《研究与开发的国际合作》(2000)战略报告中指出:"国际科学与技术合作是指来自不同国家的科学家为了协同的研究目标来进行联合项目或共享共有信息。"科学本身是国际科技合作的内在目标。

在广义的科技合作范式下,非科学的目标和内在科学导向的目标交互作用,国际科技合作是实现其他政策目标的手段。非科学的目标主要包括提升国家的产业竞争力,通过发展科技与创新能力支持欠发达国家,解决全球范围内的社会挑战与创造良好和稳定的外交关系。广义的国际科技合作涵盖与科学或技术有关的一切跨国交流或合作活动,不仅包括科技创新和创业过程的合作,也包括与此有关的一切交流或合作活动,如围绕科技创新创业人才的培养、科技创新文化的建设、重大科研基础设施的建设和运行、大科学计划的发起或参与、高科技成果的转让或转化、高科技产业的催化和孵化以及科技外交、科技伦理、科技政策、科技标准、科技立法和知识产权保护等方面的交流或合作。

2.2.2 国际科技合作的形式

国际科技合作因其涉足的领域十分广泛,所以其形式也是多样性的,主要包括以下合作形式。

(1)合作研究。指合作各方就某一科学技术项目进行共同研究或分工协作研究。

(2)合作调查。指合作各方为了了解地形、地貌、大气、海洋、矿藏和其他自然资源共同进行的勘察和调查,或共同对某一地区、某一领域进行综合调查与可行性研究调查。

(3)合作开发。指以利用某项科研成果为基础,合作各方共同开发某一具有市场目标的产品,或共同开发某一有工程目标的项目。

(4)合作设计。指合作各方就某项工程或某项产品共同进行设计或分工协作完成设计任务。

（5）科技考察。指为了了解某国的科技概况或某一学科领域的科技水平与进展，或了解某项技术问题，由一国或合作各方科技人员到有关国家进行考察活动。科技考察包括综合性考察与专业性考察两类。

（6）人才交流。指非商业性的人才引进或人才输出。其中包括聘请外国科技专家来华或派专家出国进行讲学、技术座谈和咨询等活动，以及科技专家在国际科技团体和组织中任职等。

（7）信息交流。指合作各方相互交换或赠送图书、期刊、目录、样本、软件、录音带、录像带、影片等文字和图像资料。

（8）人才培训。指以提高科学技术和管理技术为目的的本国科技人员出国或接受外国科技人员来华进修、实习等。

（9）技术贸易。指通过对外科技合作与交流活动延伸进行的技术经济贸易活动，包括技术引进、技术出口、委托设计、委托研究等。

2.2.3　国际科技合作的驱动因素

各国参与国际科技合作的主要驱动因素包括解决和应对全球性的挑战、科技能力建设、国家安全、世界领先的科研水平、争夺稀缺资源以及提升产业和企业竞争力。国际科技合作所涉及的主要政策领域包括应对全球挑战、发展援助、外交、科学和研究的内在动力、高等教育以及国家竞争力。政策行动的目标主要包括发展机构能力、获取科研上的规模经济和范围经济、提高研究水平、培训研究人员、利用"大科学"与大型研究基础设施、提高国内科研机构能力、提供科技合作框架、保持世界领先的科技水平、吸引海外人才、市场渗透、为海外研发创造条件以及吸引海外研发投资。

由于各国的经济发展水平、科技水平与规模等因素上的差异，各国参与国际科技合作的动机和驱动因素上存在差异。世界各主要国家参与国际合作的驱动因素主要有以下特点：

（1）所有国家均将在全球化的世界范围内取得科技研究上的领先地位作为参与国际科技合作的非常重要的驱动因素。

（2）发展中国家例如金砖国家，都将增强国内的科学、技术和创新能力作为参与国际科技合作的重要目的。

（3）通过国际科技合作以提升国家竞争力是多数国家参与国际合作的驱动因素。

（4）应对全球性的社会问题与挑战是多数发达国家参与国际合作的驱动因素。

3 国际科技合作涉及的知识产权

3.1 国际科技合作涉及知识产权的研究成果

3.1.1 专利

专利权是一个国家或地区专利主管机关依法授予专利申请人或其专利申请权继受人在法定期限内，在该国或地区法域内享有的对相应发明创造的独占性权利。专利权是一种财产权，依法可以整体转让或许可使用。作为一种财产权，专利权具有排他性。作为一种法定权利，专利权具有地域性和时间性。

国际上通称的专利主要指发明专利，我国专利法则规定，专利包括发明、实用新型和外观设计。发明是指对产品、方法或者其改进所提出的新的技术方案，分为产品发明和方法发明两大类；实用新型是指对产品的形状、构造或其结合所提出的适于实用的新的技术方案；外观设计是指产品的形状、图案或其结合，以及色彩与形状、图案的结合所做出的富有美感并适于工业应用的新设计。

3.1.2 植物新品种

植物新品种是指经过人工培育的或者对发现的野生植物加以开发，具备新颖性、特异性、一致性和稳定性并有适当命名的植物品种。根据定义，植物新品种包括人工培育新品种和野生植物开发形成新品种两类。

未经新品种所有权人许可，以商业目的生产或者销售授权品种的繁殖材料的，或者将授权品种的繁殖材料重复使用于生产另一品种的繁殖材料的，为侵权行为。

3.1.3 商业秘密与技术秘密

商业秘密与技术秘密是指不为公众所知悉、能为权利人带来经济利益、具有实用性并经权利人采取保密措施的经营信息和技术信息。它包括设计、程序、产品配方、制作工艺、制作方法、管理诀窍、客户名单、货源情报、产销策略、招投标中的标底及标书内容等信息。

3.1.4 遗传资源

生物遗传资源是指具有实用价值或潜在实用价值的任何含有遗传功能的材料，包括动物、植物和微生物的 DNA 及基因组、细胞、组织、器官等遗传材料及相关信息。

在 2008 年修正的《中华人民共和国专利法》中明确规定："发明创造的完成依赖于遗传资源、传统知识，该遗传资源、传统知识的获取或者利用违反有关法律、行政法规的规定的，不授予专利权。"这项规定将遗传资源和传统知识的保护与专利授权制度挂钩，从而确立了保护遗传资源和传统知识的法理依据。

3.1.5 计算机软件

《计算机软件保护条例》规定："受本条例保护的软件必须由开发者独立开发，并已固定在某种有形物体上。"除了计算机软件的程序和文档外，著作权法不保护计算机软件开发所使用的思想、概念、发现、原理、算法、处理过程、操作方法或者数学概念等。

3.1.6 集成电路布图设计

集成电路布图设计是指集成电路中至少有一个是有源元件的，部分或者全部互联线路的三维配置，或者为制造集成电路而准备的上述三维配置。

未经集成电路布图设计所有权人的许可，且无适当法律依据，擅自复制或商业化利用集成电路布图设计的行为属侵权行为。集成电路知识产权条约、TRIPS 协定对此有明确规定。

3.1.7 数据库

数据库指包括文学、艺术、音乐或其他形式作品的汇集，或者是其他资料，诸如文本、录音资料、图像、数字、事实和数据的汇集，包括经系统或有序地编排并能分别存取的独立的作品、数据或其他资料的汇集。

TRIPS 协定第 10 条第 2 款及 WIPO 版权条约中第 5 条规定，数据或其他资料的汇集，无论采用任何形式，只要由于其内容的选择或编排构成智力创作，

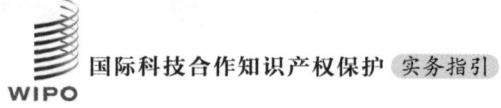

其本身即受到版权保护。

3.1.8 科学论文

科学论文既包括一般的科学论文（受版权保护），也包括含有申请专利保护内容的创新发明（受专利保护）。在实际出版交流中，论文如何平衡受保护的权利和实现大众传播的社会效益，取决于作者和研究资助者，以及分享论文知识产权的读者。

3.2 国际科技合作的研究成果权属问题

国际科技合作中的知识产权问题主要包括合作成果的归属与分享、技术秘密的保护、知识产权侵权与救济等。以国际科技合作的研究成果权属问题为例，目前在国际法领域内尚缺乏有关研究成果权属的具体规定，一些发达国家从本国利益出发提出了各种理论和解决办法。如优势决定论、投资决定论、属地决定论等。尽管表现形式不一，但实质却同出一辙，都旨在利用其某一方面的优势或条件垄断研究成果，企图借各种貌似公平合理的理论来实现自己的利益。因此，加强研究成果归属和分享的理论研究有助于我国机构参与国际研发合作。

关于合作研究成果的归属和分享问题，在理论和实践中，主要包括合作研究成果归属和分享的一般原则、保护方式、合作成果的归属和分享、后续技术成果归属和分享等内容。所有这些内容也是国际科技合作中的核心内容，其直接决定着合作各方对合作科技成果的权利和义务的分配。

3.2.1 国际科技合作成果的归属与分享一般原则

确立合作研究成果归属和分享的一般原则是一项复杂的系统工程，需要多方面去考察和认真研究。既要有利于当前合作研究的实践，又要有利于其以后的发展；既要符合处理国际法律关系的原则、规则，又要满足合作研究成果归属和分享的特殊要求。科技成果的权利，一般分为精神权利和经济权利两个方面，根据我国科技政策和知识产权法律，我国对国际科技合作成果权益的归属和分享一般采取以下原则。

1. 尊重知识、尊重人才的原则

这是由合作研究客体的智力成果特性所决定的。合作研究所产生的精神权利，作为知识产权的一部分，与成果完成者的人身智慧和创造性劳动不能分离，因此，必须坚持合作研究成果的精神权利，如身份权、荣誉权等专属对成果单独或共同作出创造性贡献的人，成果完成人有权在有关确认和表明完成者身份的文件上写明自己是成果的完成者，并有权获得本国社会或国际社会所授予的各种奖励和荣誉。这一原则是对合作研究成果所产生的精神权利的处分原则。

2. 平等、公正、互利的原则

这是由合作研究主体的平等性、鲜明的协作性以及主体权利义务的平行性所决定的。合作研究是双方或多方在自愿平等协作的基础上进行的科学研究和技术开发活动，任何一方将自己的意志强加于另一方，或不采取必要的合作措施，甚至进行干扰破坏，都会不可避免地导致合作研究的失败，研究成果的完成和取得是各方共同努力的结果。因此，各方在协商决定成果的归属和分享时应遵循平等、公正、互利的原则，任何一方都不得谋求特权，更不应非法垄断合作研究成果。应综合考察各方的实际贡献，按其实际贡献大小合理分享研究成果。这里的实际贡献，既要考虑到各方投入的设备、资金的有形部分，更要考虑到科研人员智慧和创造性劳动的无形部分。此处的合理分享是指对合作研究所产生的财产权利，如转让权、使用权等的分享，由于精神权利属于各方共有或者单独所有，不存在分享的问题。因此，这一原则实际上是对合作研究成果所产生的经济权利的处分原则。

3. 参照国际惯例的原则

这是由合作主体各方权利义务缺乏规范性、合作研究法律形式的多样性以及法律适用的复杂性所决定的。合作研究历史较短，理论研究也不多，有关研究成果分享的不少问题至今尚无国际条约和国内立法可依。在这种情况下，要借鉴和参考国际科技合作中已为多个国家反复实践的原则和办法，处理合作研究成果归属和分享问题，并在争议发生时参照国际惯例予以妥善处理。

4. 以协议为根据的原则

关于合作成果的归属和分享问题，无论理论上如何规定，其最终的落脚点都是以协议为根据。合作各方所应享受的权利和承担的义务，以及纠纷的处理，都应当在有关科技合作的协议中明确。合作各方应当按照协议中的规定全面履行己方的义务，即使在某些情况下，协议对合作成果的归属和分享做出了不公平、不合理的规定。

上述四个原则并不是平行的，其中平等、公正、互利原则是核心，因为其直接关系到合作各方的物质利益，从合作研究的目的来看，合作各方都是为了促进自身的科技进步和经济发展，这和获得合作研究成果的经济权利密切相关。

反观其他国家的各种理论，也主要围绕经济权利的处分展开。当然，其他三条原则也非常重要，四者之间相辅相成、互为条件，不坚持尊重知识、尊重人才的原则，平等、公正、互利就没有保障；不坚持遵循国际惯例的原则，互利互惠也将难以实现；不坚持以协议为根据的原则，其他原则就失去载体。

3.2.2 国际科技合作成果的保护方式

对于不同的国际科技合作成果，有关的知识产权法律法规对其提供了不同的保护方式。

1. 以发现权的方式进行保护

这类保护的对象是科学发现，科学发现是对自然科学领域已存在的自然现象、特征或规律所做出的前所未有的具有科学价值的认识、揭示或阐明。1967年的《建立世界知识产权组织公约》，把"与科学发现有关的权利"划入了知识产权的范畴。我国已经加入该公约，《中华人民共和国民法通则》也将发现权置于第五章第三节"知识产权"之中。发现人对其做出的科学发现并不具有直接的财产内容，只有享有精神上的利益，如表明身份、受领荣誉等。因此，发现权主要是一种身份权。

2. 以著作权的方式进行保护

著作权又称版权，是文学、艺术和科学作品的创作人根据法律的规定所享有的以对其作品的支配权为客体的民事权利。根据我国著作权法的规定，著作权包括两方面的内容：著作人身权和著作财产权。在国际科技合作中，著作权保护的客体一般包括科学作品和计算机软件，科学作品一般包括学术论文和设计图。对于这类作品，依据著作权法的规定，是采取自动保护的原则，自该作品创作完成而依法自动产生，不需要履行任何形式的手续。

3. 以技术秘密或专利权的形式进行保护

在国际科技合作成果中，最有价值的就是科学技术或者通过合作研究的科学技术所生产的新产品。在知识产权法领域，有两种方式可以对合作科技成果进行保护，一是通过申请专利的形式进行保护，一是以技术秘密的形式进行保护。

专利是专利权的简称，是指国家专利机关依照《中华人民共和国专利法》（以下简称《专利法》）的规定授予发明人、设计人对某项发明创造在《专利法》规定的期限内享有的独占实施权。专利保护的客体包括产品发明和方法发明。《专利法》规定的专利有三种：发明专利、实用新型专利和外观设计专利。

授予专利权的发明和实用新型应当具备新颖性、创造性和实用性。

技术秘密是不为公众所知悉、能为权利人带来经济利益、具有实用性并经权利人采取保密措施的技术信息。技术秘密保护和专利保护都是为了给权利人创造更高的利润，但它们在诸多方面都有不同。技术秘密是采取隐蔽的方式，只要所有人不公开其技术，控制在适当的范围使用，就可以把该技术作为技术秘密进行保护，而不需要得到政府的认可。技术秘密保护需要持续性的保护措施以确保其保密性。

技术秘密的保护终止于被公开，终止于其他第三方独立发现并公开该技术，同样终止于他人从产品中识破并公开该技术。而专利保护则实行公开原则，是以公开的形式来加以保护。为获得一项专利权利，申请人首先应向政府专利行政部门进行申请，接受专利审查员的审查，并支付相关的费用。如果专利申请符合专利审查条件，那么，该项专利申请就被授予专利，发给专利证书并将全部技术在指定的刊物上充分公开，专利权人对该技术获得垄断的利益，其可以禁止其他人制造、使用、销售专利产品，即使是其他人自己独立开发出该技术，也应受到专利权的限制。

对合作科技成果究竟采取何种保护方式，取决于多种因素，但最主要取决于对该技术先进性的认识程度，以及由此所采取的知识产权战略。有时，制造技术的方法可以用商业秘密来保护，而通过此方法制造出来的产品可以采用专利进行保护，这是因为揭示一项产品很容易，但揭示制造产品的方法却很难。机器、饮料或化学产品的成分可以采用商业秘密进行保护，如众所周知的可口可乐的成分作为商业秘密已经被保护了很多年。

4. 以植物新品种权的方式保护

国际科技合作中，如果合作的成果属于植物新品种，就可以申请植物新品种权的方式获得排他性的保护。申请植物新品种保护，要求所开发的植物品种要符合《中华人民共和国植物新品种保护条例》关于授予植物品种权的条件，即申请品种权的植物新品种应当属于经过人工培育的或者对发现的野生植物加以开发，具备新颖性、特异性、一致性和稳定性并有适当命名的植物品种。另外，对于合作涉及集成电路布图设计开发的，对所开发的集成电路布图设计也可提供知识产权法上的保护。

3.2.3 国际合作研究成果归属和分享的一般模式

关于合作研究成果的归属和分享，从理论上讲，应以实际贡献大小来确定合作研究成果的归属，以体现公平、公正的原则。合作研究成果原则上属于合作各方共有，合作产生的权益由合作各方按照其创造性贡献合理分享。但究竟权利如何归属和分享，还要看科技合作协议相关内容如何规定。以下所阐述的主要是按照公平、公正原则确定成果归属和分享的一般模式。

1. 科学发现的归属和分享

国际科技合作研究中产生的科学发现或科学假说，发现者有署名权。共同发现的，署名权属合作各方共同发现人共有，署名顺序按各人在科学发现中的作用大小确定。一方单独发现的，署名权属于发现方。因该科学发现而获得奖励的，共同发现的，共同发现人可以共同分享，一方单独发现的，发现人可以单独分享。

2. 科学作品的归属和分享

在合作研究、开发或设计中所完成的科学作品，公开发表时，应该以合著名义发表。署名的顺序应当按在合作研究、开发或设计中的作用大小确定。出版发行后所产生的经济利益，经合作各方协商后，合理分配。

在国际科技合作中，如果合作各方的合作目的是为了开发某项新技术、新产品或者动植物新品种，而在合作的过程中，合作一方对与合作有关的科学技术问题又发表了相关的学术论文，合作他方并没有参与该论文的实际创作，一般认为该论文的著作权应属于实际创作人，论文的署名也只能是实际创作人，没有参加论文实际创作的人无署名权。对于这种作品，在理论上不应定为职务作品（单位职工完成单位工作任务创作的文学、艺术类作品）。

"工作任务"，是指单位职工在单位中应当履行的职责。这类职务作品，按照我国著作权法的规定，著作权由作者（单位职工）享有。但单位在其业务范围内有权优先使用。作品完成两年内，未经单位同意，作者不得许可第三人以与单位使用的相同方式使用该作品。特殊的职务作品，是职工主要利用法人或者其他组织的物质技术条件创作，并由单位承担责任的科学技术类作品。科学技术类作品，包括工程设计图、产品设计图、地图、计算机软件等作品。对特殊职务作品，作者享有署名权，著作权的其他权利由单位享有，单位可以给予作者奖励。

由此可见，一般的职务作品，其著作权属于作者本人，特殊的职务作品，著作权属于单位，但作者本人仍享有署名权。因此，即使把上述论文作品作为职务作品，对该论文的署名权还是只有作者，没有参加实际创作，而只为创作提供辅助条件的人不享有署名权。之所以这样，是因为著作权所保护的客体是独创性的表述，而不是思想和想法，在这一点上其与技术成果区别开来。

3. 计算机软件的归属和分享

在国际科技合作中，无论是专门开发软件，还是在科技合作的过程中涉及相关软件的开发，都会涉及对所开发的软件的归属和分享问题。一项计算机软件通常包括计算机程序和相关的文档两个主要的组成部分。程序是指为了得到某种结果而可以由电子计算机等具有处理、储存信息能力的装置执行的一组有序的、具有编码形式的指令或者语句；文档是指用人类自然语言编写的描述程序的内容、功能、设计考虑、使用方法等的手册资料。程序和文档都是软件开发者的创造性成果，软件开发者对它们都拥有知识产权。

对计算机软件的保护，在国际上有不同的保护模式，主要通过著作权方面的法律和专利方面的法律来进行保护。因为计算机软件一开始被认作是一种思维步骤，所以，大多数的国家是通过著作权法对计算机软件提供版权保护，没有直接把计算机软件纳入专利法的保护范围。根据各国的专利法，其不能成为专利法的保护客体。但在实践中，人们认识到当计算机软件同硬件设备结合为一个整体，软件运行给硬件设备带来影响时，不能因该整体中含有计算机软件而将该整体排除在专利法保护客体范围之外，计算机软件自然而然地应当作为整体的一部分可得到专利法的保护。

在日本 1976 年公布的有关计算机程序发明审查标准第一部分、英国 1977 年公布的对计算机软件的审查方针，及美国 1978 年对计算机软件发明初步形成的两步分析法审查法则及它们的后续修改中普遍规定：单独的计算机软件是一种思维步骤，不能得到专利法的保护；而当其和硬件设备或方法结合为一个整体的软件，若它对硬件设备起到改进或控制的作用或对技术方法作改进，这类软件和设备、方法作为一个整体具有专利性。

我国 1990 年 9 月颁布的《中华人民共和国著作权法》（以下简称《著作权法》）明确规定了计算机软件是受该法保护的作品类型之一，1991 年 6 月颁布的《计算机软件保护条例》，明确规定了把计算机软件作为著作权保护的具体办法。但是《著作权法》和《计算机软件保护条例》并没有完全把计算机软件排除出可受专利法保护的客体。1985 年我国实行《专利法》之际，就在《审查指南》第 12 章中制定了针对计算机程序发明申请的判断标准。

1993 年 4 月 1 日起实行的经修改的《审查指南》，又对这一标准做了较大修改。我国专利法规定，对智力活动的规则和方法不授予专利权；《专利法》实施细则指出，《专利法》所称的发明是指对产品、方法或其改进所提出的新的技术方案。

但是，如果计算机程序属于一项发明的组成部分，如果该计算机程序不仅仅涉及数学算法或数学方法而是涉及了某种技术概念，具体说就是该计算机程序与某一技术领域相关、至少涉及了一个技术问题，并且还能够产生一定的技术效果，那么这种发明所涉及的计算机程序被称之为具有技术性的计算机程序，是可以属于专利的保护范畴的。但这种具有技术性的计算机程序能否获得专利权，还要看含有计算机程序的发明专利申请是否能够满足专利保护的必要条件，即：必须能够构成一个完整的技术方案；该技术方案符合《专利法》规定的新颖性、创造性和实用性条件。如果满足，则该含有计算机程序的发明就可以被授予专利权。

在国际科技合作中，对于合作开发的软件，通常情况下，除了对软件申请专利保护外，计算机软件的著作权属于软件的开发者。在实践中，如无相反的证明，在软件上署名的自然人、法人或其他组织即为该软件的开发者。

由于软件开发需要巨额投资这一特点所决定，一项软件往往需要由多个自然人、法人或者其他组织共同协作开发完成，可以说合作软件经常是每个开发者创造性智力劳动的结晶。我国《计算机软件保护条例》明确指出，由两个以上自然人、法人或者其他组织合作开发的软件，除另有协议之外，其软件著作权由各合作开发者共同享有。在具体实施中可分为以下几种情况。

第一，如果在合作开发软件的过程中，合作开发者之间签订了关于共同完成的软件著作权归属的书面协议或合同的，应根据书面协议或合同的约定来确定该软件著作权的归属。

第二，如果合作人之间没有签订关于软件著作权归属的书面合同或者合同约定不明确的，则应按照法律的规定来确定著作权的归属，具体规定如下：①如果合作开发的软件是可以分割使用的，开发者可以对各自开发的部分单独地享有著作权。但是值得注意的是，每个开发者在行使自己的著作权时，不得扩展到合作开发的软件整体的著作权。该软件著作权整体的行使，必须得到各合作开发者的同意。②如果合作开发的软件是不能分割使用的，其著作权应该由各合作开发者共同享有，通过全部的开发者协商一致来行使；若不能协商一致，又无正当理由的，任何一方不得阻止他方行使除转让权以外的其他权利，但是所得收益应当合理地分配给所有合作开发者。

4. 技术成果的归属和分享

这里所指的技术成果仅指狭义上的技术成果，包括技术秘密、专利权、植物新品种权。

凡在合作研究、开发或设计中,由各方人员共同参与工作或分工协作完成的成果,不论各方科技人员个人能力和学术水平的高低、工作内容的差异,只要其作出了创造性贡献的,都是该项科技成果的完成人,都可享受该项成果所产生的身份权、荣誉权和获得奖励的权利。

由各方分工协作且各自承担其中一个部分合作研究、开发或设计的项目,如该部分能独立存在,除另有约定者外,完成该部分工作所产生的成果一般由完成单位享有。

合作研究、开发或设计的成果,具体分享办法和各方权益的多少,合作各方应按照各方贡献的大小在合作协议中约定、确定有关知识产权的归属。贡献,既包括人的创造性贡献,也包括资金、设备、技术、试验条件和情报资料等非创造性贡献。其申请专利、植物新品种和其他工业产权的权利一般属于合作各方单位共有,并可以按照下列原则办理。

第一,各方合作单位在本国领土内代表全体合作方申请专利或植物新品种,以及在获得专利或植物新品种后许可他人实施该项专利或植物新品种,或者转让该专利技术或植物新品种,由此获得的经济利益,应按协议约定的比例分配。一个国家内有多个合作单位的,可指定一个合作单位作为代表。

第二,申请专利或植物新品种时成果完成人的名次排列,应当按照成果完成者的贡献大小确定。难以分清贡献大小时,在本国领土内申请专利或植物新品种的,可以本方成果完成人为第一完成人,在第三国申请专利权或植物新品种,由双方协商决定,或以承担专利或植物新品种申请费与维持费一方的成果完成人为第一完成人。

第三,合作各方如有一方声明放弃专利或植物新品种申请权,另一方可以单独申请,或者由其他合作方共同申请。成果被授予专利权或植物新品种权以后,放弃专利申请权或植物新品种权的一方可以免费实施该项专利或植物新品种。

第四,合作各方中,一方不同意申请专利或植物新品种的,如理由充分,另一方或者其他各方不应申请专利或植物新品种。

第五,合作各方中任何一方向第三方转让共有的专利或植物新品种申请权,或共有的专利权或植物新品种权时,应当通知其他合作方,合作的其他各方有优先受让的权利。

第六,合作方中任何一方同第三方订立专利或植物新品种实施许可合同,应事先征得其他各方的同意，并由合作各方共同确定专利或植物新品种使用费标准。由此产生的经济利益，合作各方应当根据协议规定，合理分享。

第七，确定专利或植物新品种使用费分享的比例时，应当考虑各方在合作中所提供的人力、技术、资金、仪器、设备、情报资料等物质条件多少等因素，还要考虑人力创造性劳动付出的多少。

5. 数据的归属和分享

数据权是指在合作研究中使用或公开双方掌握的情报资料、原始数据的权利。中间数据和最终数据是在原始数据基础上进行计算、处理、分析、统计所得到的参数。数据是研究工作的依据和基础，其中常常有暗示和引导人们做出科学发现和发明的线索，对基础研究、应用研究、发展研究和软科学研究都具有重要的意义。涉及国家资源、地理、交通和社会情况等方面的数据，有时直接关系到国家的安全和利益。

在国际科技合作中，数据主要来自以下三个方面：一是合作各方提供的数据；二是合作各方在研究中通过勘探、调查和分析所掌握的数据；三是合作各方在上述原始数据基础上经过运算、分析、研究和处理得到的数据。

关于数据权，各国的保密条例中都有相应的规定。在国际科技合作中，应通过合作协议或合同对合作各方的权利义务加以明确。即，在合作研究中，任何一方对由他所提供的数据享有数据权。未经提供方的同意，合作他方不得复制、向第三方提供或向社会公开，也不得将数据用于合作研究以外的目的和用途。

在合作研究中，合作各方通过勘探、调查和分析所掌握的涉及一方所在国国土、资源、地理、环境和社会的数据，视同该方所提供的数据，所在国一方享有数据权。

除上述两项以外的数据，合作各方共有数据，各方均有复制、采用的权利，但是，任何一方向第三方提供数据或将数据向社会公开必须征得合作他方的同意。

3.2.4 中间性、阶段性合作研究成果和后续技术成果的归属和分享

1. 中间性、阶段性合作研究成果的归属和分享

合作研究中间性、阶段性成果作为各方科研人员的共同智力劳动的结晶，也应如合作研究的最终成果一样，遵循明确而合理的处分原则合理分享。这在实践中往往是被忽视的，尤其是在合作研究没有达到预期的目的，即没有取得

协议或合同所规定的研究成果时，对研究所产生的一些阶段性成果缺乏足够的重视，以至于丧失了利用中间性、阶段性成果进行独立的进一步研究的权利，或者利用后被对方控为侵权而不能维护己方的合法权益。

2. 关于后续技术成果的归属和分享

对于合作研究成果，如果合作各方都对该技术成果作出实质性的贡献，从公平和有利于科技进步的角度出发，合作各方均有在其基础上进行开发和改进的权利。在后续研究中做出改良发明和其他成果时，申请专利或植物新品种的权利。

属于做出发明和其他成果的一方，另一方有无请求取得实施许可的权利，应由合作各方按照互惠和对等的原则在协议中确定。为发展合作关系，共享科技进步的利益，合作协议中可以规定，各方有义务通知其他合作方改进和发展合作研究成果的情报，并免费或者以优惠条件向另一方提供在改进和发展中所取得的成果的普通实施许可。此外，合作各方也都应有在合作研究所取得的阶段性成果基础上进行研究开发的权利，一方在重要的阶段性成果的基础上完成的发明创造并授予专利权或植物新品种权时，另一方可以免费取得该项专利技术或植物新品种权的普通实施许可。

4 国际科技合作知识产权保护的法律体系

4.1 知识产权的国际保护

知识产权具有地域性,所以各国通过国内立法和司法实践实现对域内知识产权的保护。各国立法机关制定的法律只能在其主权范围内具有法律效力,这与国际科技合作的实践不相适应。由于国际科技合作的法律主体存在于不同的国家和地域,它们之间发生的权利义务关系显然不能由一国的国内法律来调整。知识产品的全球传播可能使得有关权利在其他国家和地区由于适用法律的差异而得不到有效的保护,给国际科技和文化的交流带来阻碍。为了解决这样的矛盾,各国往往通过双边或者多边知识产权保护协定加强对知识产权的保护。因此,知识产权的国际保护首先依赖于国际社会签订的一系列保护知识产权国际条约,包括双边条约和多边条约。

保护知识产权的国际条约并不能取消知识产权的地域性,而是对各国不同的知识产权立法进行必要的协调,以便于知识产权人在其他缔约国获得权利,增强对知识产权的保护。大多数国际公约仅仅制定了一些基本的原则和基本要求,这些原则和要求必须通过缔约国的国内立法来实现。所以,保护知识产权国际条约主要解决了缔约国之间知识产权适用法律的冲突协调,确立知识产权国际保护一些共同遵守的法律原则和法律要求,它们并不能替代各国的国内立法。

由于知识产权是私有财产权,知识产权的保护必须强调知识产权权利人的意思自治原则。因此,对于具体的国际科技合作项目,知识产权的国际保护和合作各方的权利义务必须通过签订具体的国际科技合作协议来调整,国际科技合作协议必须包括知识产权协议或知识产权保护条款。所以,在个案层面上,知识产权的国际保护是通过国际合同签订和执行得以实现的。当然,国际合同的签订必须是合法的,既遵循有关国际条约,又符合当事国的国内法律。

4.2 知识产权保护国际条约体系

4.2.1 知识产权保护国际条约

(1)《保护文学和艺术作品伯尔尼公约》(Bern Convention for the Protection of Literary and Artistic Works),简称《伯尔尼公约》,1886年通过。

(2)《发送卫星传输节目信号布鲁塞尔公约》(Brussels Convention Relating to the Distribution of Program-Carrying Signals Transmitted by Satellite)。

(3)《保护录音制品制作者防止未经许可复制其录音制品日内瓦公约》(Geneva Convention for the Protection of Producers of Phonograms Against Unauthorized Duplication of their Phonograms)。

(4)《制止商品产地虚假或欺骗性标记马德里协定》(Madrid Agreement for the Repression of False or Deceptive Indications of Source on Goods),1891年在马德里缔结,1958年在里斯本最后修订。

(5)《保护奥林匹克会徽内罗毕条约》(Nairobi Treaty on the Protection of the Olympic Symbol)。

(6)《专利法条约》(Patent Law Treaty)。

(7)《保护工业产权巴黎公约》(Paris Convention for the Protection of Industrial Property),简称《巴黎公约》。1883年在巴黎缔结,1967年在斯德哥尔摩最后修订。

(8)《保护表演者、音像制品制作者和广播组织罗马公约》(Rome Convention for the Protection of Performers, Producers of Phonograms and Broadcasting Organizations)。

(9)《商标法条约》(Trademark Law Treaty,TLT),1994年在日内瓦缔结。

(10)《世界知识产权组织版权条约》(World Intellectual Property Organization Copyright Treaty,WCT),简称《WIPO版权条约》,1996年通过。

(11)《世界知识产权组织表演和录音制品条约》(World Intellectual Property Organization Performances and Phonograms Treaty,WPPT),简称《WIPO表演和录音制品条约》,1996年通过。

4.2.2 构建全球保护体系条约

(1)《专利合作条约》(Patent Cooperation Treaty,PCT),1970年缔结。

（2）《商标国际注册马德里协定》（Madrid Agreement Concerning the International Registration of Marks），简称《马德里协定》。1891年在马德里缔结，1967年在斯德哥尔摩最后修订，1989年增订了议定书。

（3）《工业品外观设计国际保存海牙协定》（The Hague Agreement Concerning the International Deposit of Industrial Designs）。

（4）《用于专利程序的微生物保存国际承认布达佩斯条约》（Budapest Treaty on the International Recognition of the Deposit of Microorganisms for the Purpose of Patent Procedure），1977年缔结。

（5）《保护原产地名称及其国际注册里斯本协定》（Lisbon Agreement for the Protection of Appellation of Origin and their International Registration）。

4.2.3 分类条约

（1）《建立工业品外观设计国际分类洛迦诺协定》（Locarno Agreement Establishing an International Classification for Industrial Designs）。

（2）《商标注册用商品和服务国际分类尼斯协定》（Nice Agreement Concerning the International Classification of Goods and Services for the Purpose of the Registration of Marks），简称《尼斯协定》，1957年在法国尼斯缔结，1977年在日内瓦最后修订。

（3）《国际专利分类特拉斯堡协定》（Strasbourg Agreement Concerning the International Patent Classification）。

（4）《建立商标图形要素国际分类维也纳协定》（Vienna Agreement Establishing an International Classification of the Figurative Elements of Marks）。

4.2.4 WIPO管理的部分主要条约

WIPO管理的知识产权国际条约有24项，包括《巴黎公约》《伯尔尼公约》《专利合作条约》《马德里协定》《商标国际注册马德里协定有关议定书》《商标法新加坡条约》《工业品外观设计国际保存海牙协定》《保护原产地名称及其国际注册里斯本协定》《WIPO版权条约》《WIPO表演和录音制品条约》《用于专利程序的微生物保存国际承认布达佩斯条约》等。

4.2.5 其他重要条约

1. 世界贸易组织《与贸易有关的知识产权协定》（TRIPs）

1994年在马拉加什缔结，是不属于WIPO管理的一个主要知识产权国际条约，它援引了上述的一些基本公约，扩大了知识产权的内容和范围，大大加强了知识产权的国际保护力度。

TRIPs 规定知识产权的范围包括版权与邻接权、商标权、地理标志权、工业品外观设计权、专利权、集成电路布图设计权和未披露过的信息专有权。规定成员应遵守《巴黎公约》第1条至第12条和第19条，同时成员之间应相互承担依照《巴黎公约》《伯尔尼公约》《罗马公约》及《关于集成电路的知识产权条约》所规定的义务。TRIPs 承认知识产权为私有权利，同所有权一样具有排他性和绝对性的特点。若为公共利益而需要对知识产权做出限制，则应以不损害权利人的专有权为前提。

TRIPs 的基本原则是国民待遇原则和最惠国待遇原则。前者规定各成员在知识产权保护上对其他成员的国民提供的待遇，不得低于其给予本国国民的待遇。后者规定在知识产权保护上，某一成员提供给任何其他国国民的任何权力、优惠、特权或者豁免，均应立即无条件地适用于全体其他成员国国民。

TRIPs 在知识产权的保护范围和程度上建立了高于以往国际公约的标准。同时，通过引入透明度原则和世界贸易组织争端解决机制，增加了协定的国际强制力，有效解决与贸易有关的知识产权争端。把知识产权保护与最惠国待遇紧密联系起来，增强了协定对缔约国的约束力。

2.《世界版权公约》(UCC)

1951 年在联合国教科文组织的参与支持下制订并获得通过。

3.《视听表演北京条约》

2012 年 WIPO 成员国外交大会在北京召开，会议通过了保护音像表演的《视听表演北京条约》(简称《北京条约》)。该条约产生了很多适应当今视听表演信息技术与新形式的知识产权保护内容，其中重要的一条是将保护对象的知识产权保护期限从原规定的 20 年延长至 50 年。该条约由 WIPO 管理。

4.3 中国知识产权法律体系概况

4.3.1 历史沿革

中华人民共和国成立后，我国政府曾制定了一系列的知识产权行政规章。比如，1950 年政务院（现国务院）批准施行《商标注册暂行条例》和《保障发明权和专利权暂行条例》，1963 年颁布了《商标管理条例》和《发明奖励条例》

等。然而在 20 世纪 80 年代之前,我国并没有一套严格意义上的法律制度体系来保护知识产权。1978 年,中美贸易因知识产权问题陷入僵局,这引起了我国政府对知识产权法律制度建设的高度重视,同时也为知识产权建设奠定了基础。

1983 年 3 月 1 日《中华人民共和国商标法》(以下简称《商标法》)开始施行。这部法律纠正了商标强制注册但注册商标人没有专有权的问题。它明确规定,商标采用资源注册制度,国家保护商标所有权。《中华人民共和国专利法》是在中美贸易谈判的僵局情况下加快起草步伐,虽然在反对私有制的时代背景下步履维艰,但却更加坚定。1985 年 4 月 1 日,《中华人民共和国专利法》开始实施。《著作权法》对传统分享意识形成最大挑战,草案起草历经 8 年才最终获得通过,紧接着又因为天价版权费而被紧急叫停。随后美国以"特殊 301 条款"向中国实施贸易报复,中美贸易再度陷入僵局,《著作权法》的出台则迫在眉睫。经过 11 年的激烈思想意识形态碰撞与交锋,1990 年《著作权法》最终得以实施。

在我国知识产权的建设过程中,与国际接轨的客观要求,以及来自国际贸易的压力是推动其建设发展至关重要的因素。这种外源动力主要来自以下两个方面:一方面是国际条约的约束。伴随着国内知识产权保护制度建设,我国开始积极加入各个知识产权国际公约,这为我国的知识产权制度与国际接轨奠定了良好基础。其中主要包括 1985 年加入的《巴黎公约》,1989 年加入的《集成电路知识产权条约》和《马德里协定》,1992 年加入的《伯尔尼公约》和《世界版权公约》,1993 年加入的《保护录音制品制作者防止未经许可复制器录音制品公约》,1994 年加入的《商标注册用商品和服务分类协定》和《专利合作条约》,1995 年加入的《商标国际注册马德里协定有关议定书》和《国际承认用于专利程序的微生物保存条约》,1996 年加入的《工业品外观设计国际保存协定》,1998 年加入的《专利国际分类协定》,1999 年加入的《保护植物新品种国际公约》。外源动力的另一方面是国际贸易的压力。从知识产权的国际保护层面,TRIPs 是知识产权保护高标准的代表。而在与美国的贸易谈判中,美国也一直以 TRIPs 协定作为其知识产权要价的标准,在与美国的复关谈判中,知识产权成了最大的障碍。为了与 TRIPs 协定接轨,我国不得不第二次大范围修订知识产权法律制度。

随着我国知识经济的高速发展、综合国力的日益增强、国际地位的不断提升,人们逐渐意识到知识产权在国际舞台上扮演的角色的重要性。为了实现"入世"承诺,中国按照世界贸易组织相关条约要求,有针对性地再次修改了主要知识产权法律,《专利法》《商标法》和《著作权法》在 2000 年和 2001 年先后进行了修改。2001 年,国务院修订了《商标法实施条例》《著作权法实施条例》和《计算机软件保护条例》。此后,最高院又通过了《关于审理商标案件有关管辖和法律使用范围问题的解释》(2001)、《关于审理商标民事纠纷案件适用法律若干问题的解释》(2002)和《关于办理侵犯知识产权刑事案件具体应用法律若干问题的解释》(2004)等司法解释条例。2001 年 12 月,中国正式加入世界贸易组织。随着经济的飞速发展,中国知识产权制度建设进入适应期,知识产权制度逐渐开始为本国经济发展服务。

一直以来,西方发达国家不断加强知识产权立法,并积极推动知识产权规则进入世界贸易的范畴之中,进而将其国内的知识产权立法国际化,主导世界贸易游戏规则,从而在国际竞争中处于有利的地位。随着我国知识产权法律制度建设不断完善,我国在国际贸易规则制定中的话语权也不断增加。2006 年 11 月,科技部发布了《关于国际科技合作项目知识产权管理的暂行规定》,明确了国际科技合作项目所涉及知识产权问题的处理原则和管理措施。2008 年,《专利法》进行了第三次修改,随后中国又颁布了《中华人民共和国反垄断法》;2008 年,国务院印发《国家知识产权战略实施纲要》,提出到 2020 年要把中国建设成为知识产权创造、运用、保护和管理水平较高的国家的战略目标,并指出要制定适合中国国情的知识产权政策措施,加强法制建设,提升知识产权竞争力。以此为标志,中国开始了知识产权制度主动变革的新时代。同时,为了加强知识产权立法,中国政府陆续修改或制定了有关知识产权保护的法律和行政法规,使相关法律制度日趋完善,执法力度不断加强。2016 年,国务院印发《国家创新驱动发展战略纲要》,强调实施知识产权、标准、质量和品牌战略,加快建设知识产权强国。2016 年底,国务院又印发了《"十三五"国家知识产权保护和运用规划》(以下简称《规划》),这是知识产权首次列入国家重点专项规划。《规划》指出,深入实施知识产权战略,深化改革,严格保护,加强运用,提升知识产权质量和效益,加快建设具有中国特色和世界水平的知识产权强国。

从中华人民共和国成立伊始知识产权制度框架的初步建立,到 21 世纪知识产权制度体系的加速形成,中国知识产权保护走过了一条不同于其他知识产权强国的快速发展道路。改革开放 40 年来,中国知识产权制度日渐完善,为中国科技的进步和经济的发展提供了强有力的制度保障。进入新时代,习近平总书记对知识产权问题发表了一系列重要讲话,将知识产权保护作为扩大对外开放的重大举措,从产权法律制度、营商政策环境等多方面阐述了知识产权保护的

重要意义。在2018年4月10日博鳌亚洲论坛开幕式上，习近平总书记发表主旨演讲，强调"加强知识产权保护"，既是"完善产权保护制度最重要的内容"，也是"提高中国经济竞争力最大的激励"；明确指出，知识产权是国际贸易和技术交流合作的法律秩序，中国坚定"保护在华外资企业合法知识产权"，同时"希望外国政府加强对中国知识产权的保护"。2019年4月26日第二届"一带一路"国际合作高峰论坛开幕式上，习近平总书记在发表主旨演讲时指出，"中国将着力营造尊重知识价值的营商环境，全面完善知识产权保护法律体系，大力强化执法，加强对外国知识产权人合法权益的保护，杜绝强制技术转让，完善商业秘密保护，依法严厉打击知识产权侵权行为。中国愿同世界各国加强知识产权保护合作，创造良好创新生态环境，推动同各国在市场化、法治化原则基础上开展技术交流合作。"习近平总书记系列重要讲话深刻阐述了知识产权法律的基本属性，鲜明表达了中国知识产权保护的基本立场，对新时代中国知识产权工作提出新的要求，是先进的理论指导和科学的实践引领。

4.3.2 中国知识产权基本法规

（1）《中华人民共和国专利法》于1984年制定，历经1992年、2000年及2008年三次修正，现行版本为2008年修正案。2019年1月4日，《中华人民共和国专利法（修正案草案）》在经过第十三届全国人大常委会第七次会议审议后，在中国人大网公布，向广大社会公众征求意见，这标志着我国专利法第四次修改的正式启动。专利法修正案是在我国新时期经济社会发展面临新机遇和挑战的大背景下，为适应科技创新和发展的需要，落实党中央和国务院加强知识产权保护战略部署，促进和激发科技创新和创造精神而实施的，对于激发全民科技创新创造热情，培育创新精神，提升知识产权保护力度具有深远影响。

（2）《中华人民共和国合同法》根据知识产权的私有财产权的属性，明确了权利处分遵循所有人意思自治的原则。其第339条规定委托开发完成的发明创造，除当事人另有约定的以外，申请专利的权利属于研究开发人。研究开发人取得专利权的，委托人可以免费实施该专利。第340条规定合作开发完成的发明创造，除当事人另有约定的以外，申请专利的权利属于合作开发的当事人共有。第341条规定委托开发或者合作开发完成的技术秘密成果的使用权、转让权以及利益的分配办法，由当事人约定。

（3）《中华人民共和国科学技术进步法》于1993年7月2日第八届全国人民代表大会常务委员会第二次会议通过，2007年12月29日第十届全国人民代表大会常务委员会第三十一次会议修订。第 20 条规定利用财政性资金设立的科学技术基金项目或者科学技术计划项目所形成的发明专利权、计算机软件著作权、集成电路布图设计专有权和植物新品种权，除涉及国家安全、国家利益和重大社会公共利益的外，授权项目承担者依法取得。第 21 条规定国家鼓励利用财政性资金设立的科学技术基金项目或者科学技术计划项目所形成的知识产权首先在境内使用，向境外的组织或者个人转让或者许可境外的组织或者个人独占实施的，应当经项目管理机构批准。

（4）《关于国际科技合作项目知识产权管理暂行规定》，由科学技术部于 2006 年 11 月发布执行。规定要求在国际科技合作协定、协议的磋商谈判以及国际科技合作项目的申请立项、组织实施、评估验收、监督检查等各项工作中全面加强知识产权管理和保护。处理国际科技合作中的知识产权问题应当遵循平等互利、尊重协议、信守承诺的原则，遵守我国相关知识产权法律法规以及我国参加或与合作国签订的有关知识产权保护的国际公约或双边条约。

（5）《国家知识产权战略实施纲要》，国务院于 2008 年 6 月 5 日印发，是中国运用知识产权制度促进经济社会全面发展的重要国家战略，是这一战略的纲领性文件，也是今后较长一段时间内指导中国知识产权事业发展的纲领性文件。纲要的实施具有重要意义，有利于增强我国自主创新能力，建设创新型国家；有利于完善市场经济体制；有利于增强企业市场竞争力和提高国家核心竞争力；有利于扩大对外开放，实现互利共赢。

（6）《国家创新驱动发展战略纲要》，中共中央、国务院于 2016 年 5 月 19 日印发，提出战略目标分三步走，并强调要深化知识产权领域改革，深入实施知识产权战略行动计划，提高知识产权的创造、运用、保护和管理能力。引导支持市场主体创造和运用知识产权，以知识产权利益分享机制为纽带，促进创新成果知识产权化。充分发挥知识产权司法保护的主导作用，增强全民知识产权保护意识，强化知识产权制度对创新的基本保障作用。健全防止滥用知识产权的反垄断审查制度，建立知识产权侵权国际调查和海外维权机制。

（7）《"十三五"国家知识产权保护和运用规划》，国务院于 2016 年 12 月 30 日印发并实施。《规划》是为贯彻落实党中央、国务院关于知识产权工作的一系列重要部署，全面深入实施《国务院关于新形势下加快知识产权强国建设的若干意见》，提升知识产权保护和运用水平，依据《中华人民共和国国民经济和社会发展第十三个五年规划纲要》制定。《规划》设定了四个重大专项和九项重大工程来保障规划的实施。

(8)《关于国家科研计划项目研究成果知识产权管理若干规定》。
(9)《中华人民共和国技术进出口管理条例》。
(10)《中华人民共和国著作权法》。
(11)《信息网络传播权保护条例》。
(12)《著作权集体管理条例》。
(13)《计算机软件保护条例》。
(14)《广播电台电视台播放录音制品支付报酬暂行办法》。
(15)《实施国际著作权条约的规定》。
(16)《中华人民共和国商标法》。
(17)《中华人民共和国反不正当竞争法》。

4.3.3 中国知识产权保护内容

1. 专利保护

专利保护指在专利权被授予后，未经专利权人的同意，不得对发明、实用新型和外观设计进行商业制造、使用、许诺销售、销售或者进口的行为。发明或者实用新型专利权的保护范围以其权利要求内容为准，说明书或者附图可以用以解释权利要求；外观设计专利权的保护范围以表示在图片或照片中的该外观设计专利产品为准。

2. 商标保护

商标保护是通过商标注册，确保商标注册人享有用以标明商品或服务，或者许可他人使用以获取报酬的专用权，而使商标注册人及商标使用人受到保护。商标保护的方式，一种是由国家各级工商行政管理部门或公安经济侦查部门主动行使权力对辖区内商标侵权案件进行查处，另一种则是由企业或个人向上述部门举报商标违法、犯罪行为或由商标权利人向法院起诉商标侵权。

3. 版权保护

版权又称著作权，包括发表权、署名权、修改权、保护作品完整权、复制权、发行权、出租权、展览权、表演权、放映权、广播权、信息网络传播权、摄制权、改编权、翻译权、汇编权，以及应当由著作权人享有的其他权利。在我国版权保护的行政机关是各地的版权局。

4. 音像制品知识产权保护

音像制品指有内容的录音带、录像带、唱片、激光唱盘和激光视盘等。1994年国家颁布《音像制品管理条例》，并于2001年12月予以修订。根据《中华人民共和国民法通则》《著作权法》《中华人民共和国刑法》《音像制品管理条例》等有关法律法规,新闻出版总署、文化部、海关总署、商务部等部门分别或共同发布了《音像制品出版管理规定》《音像制品批发、零售、出租管理办法》《音像制品进口管理办法》和《中外合作音像制品分销企业管理办法》等一系列行政规章,使音像制品的经营和保护做到有法可依、有章可循。

5. 植物新品种保护

植物新品种保护也称植物育种者权利,即完成育种的单位或个人对其授权品种享有排他的独占权,任何单位或个人未经品种权所有人许可,不得为商业目的生产或者销售该授权品种的繁殖材料,不得为商业目的将该授权品种的繁殖材料重复使用于生产另一品种的繁殖材料。农业部和国家林业局是我国植物新品种权的审批机关,负责植物新品种权的受理、审查与授权,并依法行使行政执法权,对育种者权利进行保护。

6. 知识产权海关保护

知识产权海关保护指海关为禁止侵犯知识产权的货物进出口,对与进出口货物有关并受中华人民共和国法律、法规保护的商标专用权、著作权及相关权利、专利权依照国家有关规定实施保护的行为。知识产权权利人也可主动请求海关实施知识产权保护,事先向海关提出采取保护措施的申请。

7. 知识产权司法保护

知识产权司法保护指法院通过受理和审判知识产权纠纷案件,保护知识产权所有人的合法权利,惩罚或纠正知识产权违法犯罪行为。近年来,我国法院进一步加大了对专利权、商标权、著作权的保护力度,司法保护知识产权在知识产权保护中发挥了主导作用,成为权利人捍卫合法权益的最后救济手段。

国际科技合作和知识产权法律概况

5.1 美国国际科技合作和知识产权管理制度

5.1.1 美国国际科技合作概况

1. 美国国际科技合作现状

美国历来注重科技创新，明确提出国际科技合作对于其实现国家利益和外交目标具有重要意义，并将国际科技合作提升为国家科技总体活动的一部分。1999年，美国提出"为科学技术服务的外交"政策，将国际科技合作提升为国家科技活动总体目标之一。2009年，美国众议院通过《国际科学技术合作法》，设立跨部门委员会专司国际科学技术合作，协调相关部门，实现外交目标。

在世界科技创新日新月异的背景下，联邦政府制定的科技创新政策决定着美国科技发展的方向。奥巴马时期倡导"政府主导"，即以政府为导向推动科技创新；特朗普时期充分发挥"企业主导"，即企业在科技创新方面的巨大作用。特朗普政府自执政以来，尚未制定明确的科技创新政策，但其实施的经济、税收、移民等相关政策对国际科技合作具有一定的影响。

根据美国白宫预算和管理办公室与科技政策办公室在2018年7月31日联合发布的备忘录显示，2020财年研发预算指南从"美国优先"的角度，明确科技创新政策首先服务于美国的宗旨，重点确保美国科技领先世界的突出地位，科技创新优先服务于国家安全、经济增长、就业机会和创新发展等方面。备忘录强调将国家安全摆在突出位置，并着力布局包括人工智能、量子信息科学和战略计算，互联和自动系统等在内的新兴技术领域，同时重点关切新兴技术在农业、制造业等传统产业中的创新应用。

(1)"美国优先"的理念贯穿科学技术研究领域。

首先,特朗普政府将国防研发作为重点优先领域。特朗普向国会提交的2018财年预算案,在大幅度削减联邦政府部门预算的情况下,国防部经费预算的增长率达到10.1%,国土安全部和退伍军人事务部作为其余两个预算增长的部门也与国防或军事事务相关。

其次,环境气候变化研究将被削弱。在环境问题上,共和党更加看重美国国内环境问题,特朗普在环境问题上与共和党保持一致,在上任不久后就撤除《气候行动计划》,大幅削减气候变化相关的经费预算,撤除能源部下属先进能源研究计划署,取消奥巴马时期的气候变化政策,退出《巴黎协定》。

(2)企业创新投入不断提高。

2017年12月22日,特朗普在白宫签署了由美国参议院和众议院共同表决通过的《减税与就业法案》,标志着特朗普税改方案正式进入实施阶段。特朗普政府推动减税法案,主要目的是提振企业利润,促进企业投资,增加就业岗位,振兴美国经济。从白宫发布的《改革我们破碎的联合框架》提到税收优惠被证明能有效促进研究与开发(research and development,R&D)投入来看,特朗普政府也希望通过此次减税,促进企业加大研发投入。

特朗普政府规定,海外资本回流美国的税率由过去的35%降至最低的8%,企业所得税率从35%降至21%,并且保留研发税收抵免措施,允许企业抵扣购入新设备所需的全部成本,这些政策有利于美国科技创新企业的资本回流。特朗普政府减税旨在刺激企业研发投入,发挥企业科技创新的能动性,营造良好的科技创新氛围,保持美国科技创新成果在世界各国中的优势。

(3)联邦政府科研经费预算有所削减。

2017年,联邦政府研发经费总预算占GDP的比重为0.67%,2018财年政府预算中,研发经费总预算也仅占GDP的0.71%。美国科学促进会的研究显示,特朗普政府2018财年预算对科研经费预算拨款的削减幅度达40年来最大水平,除国防部、退伍军人事务部、司法部、住房与城市发展部等少数几个部门外,联邦政府大部分机构的研发经费预算有所削减。环境保护署的R&D经费预算削减2.19亿美元,同比减少44.2%;美国航天航空局经费预算削减仅次于环境保护署,下降24%;卫生与公共服务部R&D经费下降23.4%,下属机构国立卫生研究院(NIH)R&D经费削减23.5%;能源部2018财年获得的R&D经费预算为134.36亿美元,与2017财年相比削减15.8%,其中国家能源计划被取消;美国科学基金会R&D经费下降11.3%;教育部2018财年R&D经费预算为2.46亿美元，与 2017 财年相比削减 4.3%。

（4）部分重点优先领域延续支持。

特朗普政府虽然削减了 2018 财年的科研预算，但是对于奥巴马时期的部分重点优先领域依然给予了支持，如人脑计划和精准医疗分别获得 8 600 万美元和 1 亿美元的经费支持，太空探索领域提供给行星科学和空间的预算分别增加了 4.5% 和 8.9%。

2018 年 5 月，美国白宫主办了美国人工智能峰会，主要探讨能够使美国民众受益、确保美国在人工智能领域主导地位的相关政策，其中包括利用人工智能技术提高行政效率以及在特定行业的应用中发挥其显著影响力等内容。特朗普政府将优先为人工智能研究与开发领域提供资金支持，并且在 2019 财年预算申请中将人工智能作为管理研发的优先事项。

（5）技能型科技人才优化培养。

职业教育在美国的发展历史较长，目前已经形成由中等职业教育、高中后职业教育和高等职业教育构成的完善教育体系，为美国经济发展培养了大量技术人才。

特朗普在首份国情咨文中提出美国亟需加大职业培训投入，增设职业学校，以培养符合岗位需求的技术人才。通过支持推动开设更多职业学校，有助于提高普通劳动者的综合素质，培养更多符合企业需求的技能型人才，为新的就业岗位提供高质量的劳动力。

（6）高技能移民人数大幅增加。

技术移民是美国引进全球人才的成熟制度体系，也是美国移民制度的重要组成部分。现行的技术移民政策则是在 1990 年移民法基础上完善而成的，遵循"限额"原则。特朗普政府对移民政策进行调整，进一步收紧移民总限额，大幅削减低技能移民及临时工作签证移民，但增加了对美国科技发展起关键作用的高技能移民。

美国共和党研究委员会于 2018 年 1 月通过的《保障美国未来法案》（*Securing America's Future Act*，SAF），指出增加技术移民数量，即技术移民限额由每年 12 万人增长至每年 17.5 万人，增幅达 45%。同时，大幅削减低技能合法移民限额，终止"链式移民"，每年削减 26 万其他类型低技能合法移民配额，降幅达 25%。特朗普支持国会议员提出移民法案，着力增加高技能移民数量，并大幅削减低技能移民限额。

(7) 技术保护持续加强。

贸易保护主义是特朗普经济政策的主要导向。在科技创新领域，其具体体现为技术保护主义。在"美国优先"理念的支配下，特朗普政府实施技术保护政策的目的在于限制美国本土研发技术外流，保护美国科技创新企业的发展并为其提供广阔的市场空间。特朗普上台后，一方面出台比奥巴马时代更为严格的措施限制中资收购美国资产和技术，另一方面向中国发起知识产权调查，指责中国强制技术转移。此外，美国联邦政府还以国家安全为由，限制中国高科技产品进入美国市场。

一是美国外国投资委员会（CFIUS）加大对以美国高技术企业为收购对象的交易的审查力度。在CFIUS的强力干预下，中国对美并购规模大幅下滑。据有关数据显示，2018年前5个月，中国对美国并购和投资规模同比下降了92%。特朗普上台以来，相继阻止了多起中资（特别是具有政府背景的中资）对美国高技术企业的投资或并购。

二是实施对华知识产权调查。2017年8月，特朗普签署总统行政备忘录，启动对中国的"301调查"。此次调查是美国依据《1974年贸易法》的"301条款"单方面发起的对"中国侵犯知识产权和强制技术转移"问题的调查。2018年3月22日，特朗普签署《与"301调查"相关的美国行动的总统备忘录》，正式宣布此次"301调查"的结果和美国将采取的应对措施。备忘录还提出，美国将对中国采取关税惩罚、诉诸世界贸易组织争端解决机制，以及对关键产业和技术实施投资限制三项措施。

三是干预中国高技术产品进入美国市场。随着中国高技术产品开始走向海外市场，特朗普政府开始采取技术产品进口管制措施，对高技术产品进口进行干预。2018年5月3日，美国国防部下令，所有美军事基地的商店禁止销售由中国企业华为和中兴生产的手机。2018年5月29日，美国白宫发表声明称将对从中国进口的包括高科技产品在内的价值500亿美元的产品征收25%的关税，此次征税的产品主要涉及信息技术、航空航天、机器人、电子产品、通信技术、机械工业以及医疗设备等多个与"中国制造2025"有关的科技产业领域。2018年8月2日，特朗普继续增加对价值2 000亿美元的中国商品征税，税率从10%提高到25%，其中以化工产品、金属制品、机电音像设备等高端制造业产品为主。通过限制中国科技产品进入美国市场，从而保护美国科技企业在美的市场份额。

2. 美国国际科技合作模式

（1）合作目的。

美国国际科技合作主要体现在以下几个方面：一是扩大科学研究资源的来源。国际科技合作使美国科研人员能够获得外国甚至全球的重要科学资源和数据，如人类基因组、全球变化方面的研究资源，合作从事研究和开发工作。二是提高自身研发能力。同外国科研人员合作开展大科学装置工程，每个国家的研究人员负责完成项目系统中的一部分内容，最终共同完成整个项目的任务。对美国来说，时间和经费大大节省。三是为国家战略和政治目的服务。一些合作项目对美国没有明显的直接利益，但是通过这些合作可以加强美国的科学研究能力，增加美国的对外贸易机会，改善美国同合作国家的外交关系。四是有效利用他国的科研人力资源。如招收留学生和聘用外国专家学者充实美国科研队伍；到别国设立研究机构，就地招聘所在国的优秀科研人才。

（2）合作主体。

合作主体上，主要由科技合作和科技交流两部分组成。美国与其主要政治盟国（英国、以色列等）重点开展国际合作，而与发展中国家的合作则以科技交流为主。以美国与欧盟的国际科技合作为例，欧盟一直是美国开展国际科技合作的优先地区，通过签署正式的科技合作协议，为科技合作、知识产权保护、研究获取等提供框架保障；构建各种促进美国—欧盟开展科技合作的网络；外交机构中专门设有负责科技合作的办公室；除了各种合作计划确保合作项目实施以外，美国和欧盟还在创新政策方面保持互动。

（3）合作形式。

根据美国著名智库兰德公司的《研究与开发的国际合作（2000）》战略报告，美国的国际科技合作具体包括合作研究、运作支持、技术转移及人才培养等多种形式。合作研究方面，包括联合型学术研究，如共享实验数据、共同参与国际合作计划、共同参与前沿性国内外学术会议等；建立标准化体系，如支持创建国际数据库、支持开发作为未来研究、发展及产品生产的科学技术标准等。运作支持方面，包括建立研发机构，即政府参与支持建立、维护和运作为国际合作而建立的研究中心（包括建立在美国或外国的国际研发中心）；设立多边及双边合作项目，即布局重点国际合作领域，提供专项资金支持等。技术转移和人才交流方面，包括支持从国外向美国的技术转移，资助美国国家实验室或政府资助的研究人员向国外研究人员和实验室提供研发成果或其他支持等。

(4) 参与机构。

以支持民间国际科技合作的重要单位为例，美国国家科学基金会主要通过科技计划开展对外合作，合作领域包括地球科学、数学与物质科学、生命科学、大科学计划、国际性重要研究设施和研究中心等。在这些国际合作项目中，其资助模式主要以联合研究、共建实验室、大科学计划、人才交流为主。美国国立卫生研究院的国际科技合作众多，合作形式多与前者一致，如支持美国与国外科学家和学生开展全球研究的国际研究培训项目，为生物和行为科学领域具有博士学位的外籍科学家提供合作机会的国际研究奖学金项目等，合作领域则主要集中在学科新挑战、新兴技术、癌症和艾滋病研究等方面。

3. 美国的国际科技合作发展趋势

美国的国际科技合作经验表明，历届美国政府的对外科技合作原则是一以贯之的，即国际科技合作必须以维护国家利益、支持国家战略目标为先决条件；国际科技合作必须优先服务于国家安全，保障美国国土安全和经济持续繁荣；通过国际科技合作，美国必须实现最高科技水平，帮助美国科学家超越国界进入世界前沿科学；通过国际科技合作推广美国标准，输出美国价值观和商业模式；掌握国际规则制定的话语权，赢得在国际事务中的声望和影响力，以科技领先提高美国的威望。在不同的历史时期，美国政府的这些要素会有所侧重，以更好地服务国家目标。根据这些原则，美国建立了一整套措施以保障美方在国际合作中获得实际利益，内容涉及国家之间的互利互惠、知识产权保护以及对战略性技术转移的控制等，用于指导联邦机构开展的国际科技合作，并建立了严格慎重的国际合作项目审查制度。

未来，特朗普政府的科技政策对美国整体的科技发展不会有太大的负面影响，但推动国际科技合作的积极性会降低。政府科技预算的削减虽然会抑制基础研究，但特朗普的重商主义却能给企业的研发带来推动力，承诺给企业的减税将有利于企业增加 R&D 投入，政府对科技监管的放松也会提高企业研发的活力并吸引资源的进入。因此，特朗普政府的科技政策应该不会对美国整体的科技发展有太大的负面影响，调整将更多地体现在领域重点不同以及投入的对象和方式不同。

然而，政府部门的经费削减会不可避免地限制美国科学家参与国际研究合作的意愿和能力，特别是那些由政府部门、国家科学基金会等主导开展的多边及双边合作项目，或者是一些开放给外国科学家申请的地球科学、医疗卫生、数学与物质科学、生命科学、大科学计划、环境科学领域、国际性重要研究设

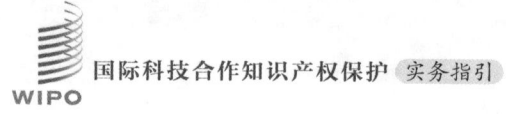

施的基础研究将受到直接影响。

5.1.2 美国知识产权法律制度

1. 美国国内知识产权法律制度

1787年9月制定的《美利坚合众国宪法》第1条第8款第8项明确规定："为发展科学和实用技术，国会有权保障作者和发明人在一定期限内对其作品和发明享有独占权。"这是美国版权和专利法最高层级的法律渊源。

基于此，美国是世界上最早制定并实施专利法律制度的国家之一。美国专利法于1952年7月由国会通过，并在1984年和1994年进行过两次重大修改。1999年11月，时任美国总统克林顿签署了《美国发明人保护法》，其中多项重要条款直接列入专利法，包括将完全审查制度改为早期公开延期审查等。2011年6月，美国国会通过最新的专利法改革方案，"改先发明制为先申请制"以及"所有申请均适用18个月公开的规则"等多条修订内容，这是美国专利制度继1952年专利法后最重要、最复杂的修订。美国专利类型包括发明专利、植物专利和外观设计专利，没有实用新型专利类别。美国沿用自己的专利分类，基本上不采用国际专利分类，只是将美国分类号转换成IPC分类，标在其专利文献的首页。修改后的美国专利法实行先申请原则（与先发明原则相对而言）、相对新颖性原则（公开后1年申请宽限期）、信息披露原则（信息披露义务）和核准即公告原则（公告义务）。

美国商标采用两级法律保护制度，除了统一的《联邦商标法》，全美50个州也都有自己的商标法。在美国专利商标局（USPTO）注册的商标适用《联邦商标法》，其使用和受保护权利优先于在各个州注册并适用州商标法的商标。美国商标法采用使用在先原则，并强调对驰名商标的严格保护。

美国在1790年就颁布了统一的《联邦版权法》，并经过了多次修改以适应传播技术的进步和加入相关国际公约的要求。美国版权法的特点是：①实行注册登记制度；②注重经济利益保护；③提供版权回收制度，转让版权所有权或使用权35年后可以依法收回版权；④延伸至计算机软件保护。

对于涉及国际贸易、技术进出口、域外管辖等涉外因素的知识产权问题，美国还有专项立法包括：①《出口管理法》主要是限制涉及军事技术的出口和控制高端专利技术的域外传播；②《关税法》的"337条款"，其作用在于阻止侵犯美国知识产权的货物进口与境内销售，并允许权利人申请临时禁令或禁止进口令；③《综合贸易与竞争法》的"301条款"，其作用在于阻止侵犯美国知识产权的产品在国外生产和销售，其实施主要通过美国贸易代表的国际谈判，向外国政府施加压力，以使其制定与实施更为严厉的法律，保护美国知识产权不受侵犯。

2. 美国缔结或参与的知识产权国际公约

美国所缔结或加入的知识产权国际公约或协定包括：①《保护工业产权巴黎公约》；②《保护文学艺术作品的伯尔尼公约》；③《世界版权公约》；④《WIPO表演和录音制品公约》⑤《专利合作条约》；⑥《商标国际注册马德里协定》；⑦《与贸易有关的知识产权协定》等。根据美国宪法，联邦立法和美国缔结或加入的国际条约均为美国最高法律，具有同等法律地位。不过，上述国际公约或协定一般不具有在美国法院直接适用的效力，而需要通过制定法律程序将其转化为国内立法的形式才能在美国国内得以实施。

3. 美国知识产权法律保护体系

美国知识产权的保护包括司法保护、行政保护和贸易保护。

司法保护包括民事法律保护和刑事法律保护。知识产权持有人可以获得制止侵权和保留证据的临时救济，还可获得制止侵权的永久性禁令、赔偿及其他最终救济。除合同保护外，最主要是依据侵权责任法律规定确定侵权行为，对知识产权进行保护。对知识产权侵权案件美国适用无过错责任原则，因此侵权人的主观过错并非认定侵权的必备条件，降低了司法保护的门槛。刑事保护主要针对严重侵犯知识产权的行为，且必须是故意侵权，如伪造、假冒等犯罪行为，《专利法》《商标法》和《版权法》等专门法律中都规定了严厉的刑事处罚措施。

行政保护通过一套严格的行政管理体制，由特定的管理机构行使特定的管理职能，对知识产权进行管理和保护。管理机构包括专利商标局、版权署、国家技术转移中心等，管理职能则包括审查登记、技术评估、许可转让、技术实施政策制定、行政许可、行政确权等。

贸易保护主要通过国际贸易措施和海关边境保护得以实现。国际贸易措施主要指"301条款"，可以通过WTO的TRIPs协定和争端解决机制向他国主张与贸易有关的知识产权保护要求，更多的是实行单边贸易交叉保护措施。海关边境保护主要指"337条款"，依据有关法律规定，利用禁令、扣押、没收、罚款和临时措施等手段，对侵犯知识产权的进口行为实施救济。

4. 技术出口管制问题

相对于其他国家，美国的出口管制体系比较成熟。无论是法律法规、许可证管理、执法体系，以及与有关国际组织、国际条约的关系，美国都形成了完整的制度并在实践中得到非常严格的执行。

美国出口管制的法律框架有两个基础：一个是军民两用品范畴的法律制度，其肇始于 1949 年的《出口管制法》，1969 年修改为《出口管理法》，之后经过 1979 年、1985 年、1988 年几度修改沿用至今。尽管该部法律多次到期，在新的法律没能及时出台的情况下，历任美国总统利用《国际紧急经济权力法》的授权，来执行《出口管理法》和它的相关规定。美国商务部根据该法颁布了《出口管理条例》（Export Administrative Regulations，EAR），作为对军民两用品出口进行管制的实施细则。另一个是军品范畴的法律制度，它基于 1976 年通过的《武器出口管制法》，美国国务院在该法基础上制定了《国际武器贸易条例》（International Traffic and Arms Regulations，ITAR）作为实施细则，加上《国防授权法》《核不扩散法》《原子能法》《化学武器条约执行法》等单行法，对军品、军用技术、国防服务进行出口管制。

建立在不同的法律基础之上，军品和军民两用品由两个独立的管理体系进行许可证管理和执法监督。商务部主要负责两用品的贸易监管。其下属的出口管理局，根据《出口管理法》《出口管理条例》，制定了商品控制清单（CCL），根据清单对军民两用品出口、再出口以及其他有关活动颁发一般许可证、一次性许可证或多次有效许可证。国务院主要负责军品的贸易监管，它以《国际武器贸易条例》及其他相关法律为依据，制定美国军品清单（USML），将出口管制项目分为国防物品、技术数据和国防服务三个类别进行管理，所有国防产品和服务提供商必须向国务院注册，到任何目的地的武器出口都需要许可证或豁免权。

1）视同出口管理制度

（1）视同出口。

所谓的"视同出口"管制政策，是指外国赴美学者、留学生和研究人员如果涉及敏感知识及技术方面的学习和交流，则必须比照技术出口方面的规定申请管理许可证。这项政策实际上将人员交流等同于技术出口，管制的人员范围包括学者、学生、研究人员、军人、商人、旅游者以及技术人员等。

视同出口是出口管制的最大难点之一。出口被定义为包括向外国人转移受管制的信息或服务，即便这种转移是发生在美国境内。这种技术转移或信息发布可通过口头、视觉或其他方式进行。在以下任何情形下都可能发生视同出口：①演示；②口头简报；③电话或留言；④参观实验室或工厂；⑤在各种会议上发言；⑥传真或信件；⑦随身携带文件、硬件或图纸；⑧评估设计；⑨电子通信交流；⑩在内联网或互联网发布非公开数据；⑪随身携带存储管制技术资料或软件的笔记本电脑到海外；⑫在与其他大学、研究机构合作研发的过程中。

相比有形物品的出口，视同出口与大学教学和科研活动关系更加密切。尽管大学参加一些国际合作项目、学术会议、租赁设备时也会涉及物品出口，但更多情况下，在学生和教师的教学和研究活动中，一旦涉及管制的设备或技术，外国学生或研究人员的参与可能会引发出口管制合规问题。

（2）区分美国人和外国人。

为军品和两用品出口管制的目的，美国人被定义以美国为永久居住地，或受美国《移民和归化法》保护的个人和法人。除美国人外，其他任何人都是外国人。英国商业、创新与技能部（BIS）着眼于考察相关人员最近的国籍或永久居住地；美国国务院国防贸易管理局（DDTC）着眼于考察相关人员的出生国以及现有国籍。

除了特别限制，美国人可以参与受出口管制的活动，而外国人则可能受到限制。

（3）不受出口管制约束的信息。

无论是 ITAR 还是 EAR 都对不受出口管制约束的信息做了特别规定。另外，禁运条例也有类似规定。

①可公开获得的信息。

ITAR 及 EAR 都对可公开获得的信息不予管制，但他们对什么信息属于可公开获得却有不同标准。

ITAR 规定，公开信息是存在于公共领域的信息，可通过以下方式获得：在报摊和书店销售；认购或购买对任何人都不设限；美国政府授权的第二级邮递特权；在图书馆向公众开放；在任何专利办公室可得到的专利；在美国举行的公开会议、集会、研讨会、贸易推广会、展览会上无限制地发放；在得到美国政府机构的批准后任何形式的公开发布；在美国完成的基础研究。

EAR 规定，如果技术已公布或将公布因而公众可以获得，则 EAR 不予限制。而所谓信息的公布是指信息无论以何种形式能够让感兴趣的一般公众获得，主要包括出版期刊、图书、印刷品等，无论是否收费；能够在公共或大学图书馆获取的；专利和公开专利申请；在向公众开放的会议、研讨会、展会或其他集会上发布；EAR 要求出版物的价值（无论其免费与否）不得超过复制和发行该出版物的费用，但 ITAR 没有这样的要求。

②教育信息。

对于普通教学信息,即使它涉及包括在 USML 或 CCL 上的物品,ITAR 和 EAR 都规定其不属于出口控制范围。

ITAR 特别指明其规制的"技术数据"不包括在课堂上教学的一般科学、数学或工程原理。

EAR 规定,公开的教学信息,如果是学术机构在课程指导和实验室教学中发布的,则不受 EAR 规制。

因此,即便超高速集成电路技术是在 CCL 上,在大学中教授超高速集成电路的设计与制造并不受出口管制约束。关键在于信息是在课程教学中传播的,任何国家来的学生都可以学习这个课程。只要大学没有因为接受联邦资助而承担额外的限制出版、传播的义务,即使课程中包含了最新的或未公开的实验室研究成果,这样的信息也不受出口管制约束。

③基础研究信息。

由大学的科学家、工程师、学生进行的研究通常会被认为是基础研究。ITAR 和 EAR 都规定由基础研究得到的公开信息不受出口管制约束。但为了利用这一豁免权,必须满足以下条件:这些信息必须由基础研究或应用基础研究产生,并且必须在科学界被广泛共享(不受额外信息发布限制);必须将基础研究产出的信息和产品与基础研究过程区分开来;尽管基础研究的结果并不受出口管制,但在开展基础研究过程中,如果受管制技术扩散给外国人,则可能需要相应的出口许可。

对于基础研究的认定,ITAR 和 EAR 的主要区别是,前者规定只有美国合格的高等研究机构和院校从事的研究才可能视为基础研究;而后者没有这样的要求。不过,两者均认同如果这类研究有额外的技术信息发布限制,则不能视为基础研究,除非所有这些限制已过期或已被废止。

④全职雇员豁免。

ITAR 对大学和科研机构的全职雇员有特别豁免条款,允许大学和科研机构全职的外国员工接触非机密技术资料,豁免权必须满足以下条件:在整个受雇期间该员工的永久居留地是在美国;该员工不是来自 ITAR 禁止出口的国家,如中国、伊朗、古巴等;事前书面告知该员工,没有 DDTC 的事先书面批准,不得将该等技术资料转让给其他外籍人士;雇佣机构必须记录豁免条款项下披露的技术资料详情:第一,技术资料的描述;第二,接收者/最终用户的名称;第三,日期和出口的时间;第四,披露的方法(例如,电子邮件,传真,联邦快递）；第五，ITAR 合规参考依据。

2）**案例：得克萨斯大学奥斯汀分校的出口合规计划**

得克萨斯大学奥斯汀分校（University of Texas at Austin），又名得州大学奥斯汀分校，简称 UT Austin，创建于 1883 年，坐落在美丽的得克萨斯州首府奥斯汀市，是一所世界著名大学。在美国有着"公立常春藤"的美誉。

得克萨斯大学奥斯汀分校在英国《泰晤士报》高等教育副刊 2018 年发布的世界大学排行榜里排在第 49 名。在 2018 年《美国新闻与世界报道》（即 U.S. News 排名）美国综合性大学排名中排在第 49 名。得克萨斯大学奥斯汀分校以其自然科学学院，工程学院、商学院以及教育学院闻名于世。2015 年工程类研究生院和教育类研究生院排名均位居第 10 名，商学院与法学院排名中分别列第 17 名和第 15 名。尤其值得一提的是，该校获得的经济资助和捐款仅次于哈佛大学，而且学费比较便宜，奖学金份额多，这也是该校之所以能在全美最有价值大学排名第 19 位的重要原因。得克萨斯大学奥斯汀分校的会计专业 11 年以来一直是全美排名第一，石油工程也一直保持在全美第一，是得州主要的学术研究中心，每年的研究经费高达 3.8 亿美元。该校还是美国大学协会（Association of American Universities）最早的成员之一。

现任教授中有 4 位国家科学院社会福利与社会工作成员，15 位国家护理学院成员，16 位国家物理学会成员，16 位国家法律协会成员，17 位国家科学院院士，28 位国家文理科学院院士，48 位国家工程院院士。其中工程院院士数量居美国大学第四位。

为了满足出口管制的合规性要求，同时最大限度地维持学术自由，降低对正常的教学与研究活动的干扰，得克萨斯大学奥斯汀分校在 2013 年 4 月制定了《得克萨斯大学奥斯汀分校出口管制合规计划》。

（1）合规计划的目的。

该计划设立的目的是保证实现出口管制合规的承诺。虽然得克萨斯大学奥斯汀分校坚持知识开放和自由质疑的原则，但遵守出口控制法规也是大学的目标之一。某些技术、软件和硬件的出口出于国家安全、防止大规模杀伤性武器扩散、外交政策、国际竞争力等原因，被联邦法律管制，大学及其所有员工都必须遵守由 ITAR、EAR、OFAC 颁布的法律、法规。

在"9·11"事件和美国安全需要日益增长的形势下，得克萨斯大学奥斯汀分校严格遵守这些法律法规的重要性不断凸显。学校接到包含出口管制条款的研究合同，不论来自联邦政府还是工业界，都显著增加。不管经费来自大学内

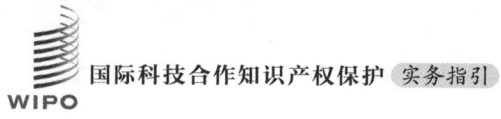

部或者外部，出口管制法规同等适用。

虽然大多数美国高校开展的研究工作适用基础研究豁免条款而不受出口管制约束，但是某些EAR和ITAR管制技术的研究，或者与特定国家、个人和组织的交流交易，也要求大学在与国外公司和外国人合作之前，事先取得相关政府机构的许可。违反这些规定的结果可能很严重，轻则失去研究合同和出口权，重则处以罚金甚至犯罪入狱。

出口管制不仅影响校园研究的进行，对出国旅行和物品出境同样具有影响。到受制裁国家旅行可能需要从OFAC获得许可，因为该等制裁禁止美国人（法人）与其发生交易或者交换商品和服务。为此，国务院、商务部、财政部等联邦机构还建立黑名单制度。所以，发送或者随身携带管制物品出境，即便是属于正常的研究行为，可能也需要从这些联邦机构取得相应的许可。

（2）设立大学出口管制委员会。

该计划设立了大学出口管制委员会。出口管制专员由主管科研的副校长任命，主持委员会的工作。成员包括教务长办公室派出的学术团体代表，以及商务办公室派出的商务运营专员。出口管制专员来自学校项目资助办公室。出口管制委员会首要任务是处理和解决可能不时出现的与出口管制相关的问题，并向科研副校长提出强化出口管制合规的政策建议、程序制度和行动措施。此外，该委员会还围绕以下目的制定并协助出口管制专员实施各种计划：

①在大学里宣传出口管制法规、制裁和禁运政策；

②在全校范围内执行出口管制的合规计划；

③在学校各有关单位间充当出口管制合规和执行过程的沟通协调机制，这些单位包括但不限于院长、科研副院长、中心主任、国际项目办公室、行政办公室等；

④向各有关单位强调遵守出口规定和许可重要性，并商定执行程序以及违规处罚。

（3）合规计划的关键负责人员。

a. 官方授权代表。

科研副校长助理、项目资助办公室主任和出口管制专员是学校出口管制事务的官方授权代表，只有他们有权代表学校向监管当局办理与出口管制有关的注册、许可申请、物品裁定、主动报告等事宜。

b. 大学出口管制专员。

出口管制专员向科研副校长助理和项目资助办公室主任汇报，其职责包括：

①指出学校科研相关活动中受出口管制影响的事项；②拟订控制流程以保证学校工作合规；③向学校高层建议加强学校合规制度建设；④向发明人、科研负责人、中心、学术机构普及出口管制政策及学校的制度；⑤向会计、采购、旅行、国际项目、人力资源、技术产业化等学校其他部门普及出口管制政策及学校的制度；⑥关注并解释有关立法；⑦与学校其他机构协调配合增进对出口管制合规的共识；⑧开展出口管制培训及延伸服务；⑨为受出口管制的研究工作相关负责人提供帮助；⑩为不确定的技术分类以及申请许可等事宜寻求法律帮助；⑪为每一个出口管制项目制定合规的技术控制方案，以帮助项目负责人履行出口管制义务。

c. 项目资助办公室。

项目资助办公室与出口管制专员、科研副校长助理密切配合，在处理出口管制事务上提供专业的支持。其职责包括：①协助项目负责人评估项目资助协议关于研究结果公开和发布的限制，并帮助项目负责人通过谈判取得合理条款；②对每个项目填写出口管制检查表，送给出口管制专员以评估是否涉及出口管制事务；③负责科研项目和教学活动所有档案文件集中数据库的维护；④与项目负责人和出口管制专员协调配合，保证在学校取得许可证之前，外国人按照技术控制方案规定不得参加涉及出口管制的项目。

d. 学校的关键管理人员。

学院院长、研发中心主任和系主任对其所属院系机构出口管制合规负责，并支持出口管制专员执行出口管制必需的程序和制度。另外，学校各个职能部门负责人，包括但不限于会计、环保健康与安全、人力资源、国际项目、技术产业化和旅行等，必须一起担负出口合规的监管责任，并支持出口管制专员执行出口管制必需的程序和制度。

e. 项目负责人。

项目负责人具有专业知识，能判断在一个研究项目里或者其他教学活动（如会议、与团队和合作者讨论项目进展等）中会涉及什么样的技术和信息。项目负责人必须保证没有实现取得必要的许可或授权，不得向外国人披露或转移受出口管制的技术、物品及服务。为了履行这项义务，项目负责人必须：①了解自己对出口管制的义务，参加常规培训以帮助自己明确出口管制事务；②帮助出口管制专员区分在研究和其他教学活动中涉及的技术；③确定项目可能涉及的外籍团队人员，如果项目是出口管制则尽快启动申请许可证的流程以保证及时取得许可，否则就必须采取适当的措施杜绝外国人参与；④如果项目涉出口管制，必须告知参与项目的学生和其他研究人员所承担的出口管制义务；⑤配合出口管制专员制定技术控制方案并负责方案的遵守和实施。

（4）出口管制分析。

出口管制合规计划明确了对于研究项目进行出口管制分析的程序。当项目负责人提出项目建议书、获得资助或者改变现有项目的研究范围时，都必须进行出口管制分析。

  a. 初步审查。

项目资助办公室通过完成出口管制检查表进行初步审查，会特别留意项目合同中有可能引起出口管制的以下问题：①引用美国出口条例（而不是符合法律规定的一个笼统陈述）；②限制公开或发布研究成果；③在公布前获得资助方批准；④对项目专有或商业秘密保留权利；⑤开放和参与只限于美国公民；⑥国外赞助商或合作者的参与；⑦美国以外旅行、开展工作和传送物品；⑧项目成果用于军事用途；⑨项目资金来自国防部、能源部、陆军、空军、海军、美国航天局、国家侦察办公室，或其他美国政府机构。

  b. 最后审定。

如果初步审查发现可能存在出口管制因素，该项目将交由出口管制专员最后审定。在完成最后审定后，出口管制专员将就项目的出口管制、对外国人的限制、ITAR 和 EAR 其他相关要求等事项向项目负责人提出咨询建议。

（5）制定技术控制方案。

对于必须进行出口管制的研究项目，出口管制专员将与项目负责人合作制定详尽的技术控制方案。

  a. 技术控制方案主要内容。

技术控制方案主要内容包括：①承诺符合出口管制要求；②明确相关出口管制类别和受管制技术；③列明项目资助人；④列明每一个项目参与者的身份与国别；⑤适当的物理防范和信息安全措施；⑥人员检查措施；⑦适当的项目安保措施并随项目终止。

  b. 安保措施。

技术控制方案将根据项目涉及的出口管制类别，采取包括物理防范和信息安全的适当安保措施。通常的安保措施包括但不限于以下做法：

①实验室封闭间隔。项目研究只在安全的实验区域里进行，确保未经授权者不得进入，也无法从外部观察；这些区域必须时刻锁门。

②控制实验时间段。项目研究只在非授权者无法进入或观察的时段进行。

③标记。出口管制信息必须被具体明确，并标记为出口管制。

④身份识别。项目参与者必须佩戴徽章、专用卡或其他类似证件才能进入指定项目区域，每次进出可能会被记录。

⑤保管存储。有形的物品（如设备、相关的操作手册和原理图等）应存放在上锁的房间，软硬数据备份、实验记录本、报告和其他研究资料应存放在上锁的柜子里。

⑥电子安全。项目的计算机、网络和电子传输设备都应通过用户ID、密码控制、128位安全接口加密技术或其他联邦政府认可的加密技术进行保护和监控。数据库访问应由一个虚拟专用网络进行管理。

⑦机密通信。关于项目的讨论仅限于能够识别和被授权的项目参与者，并在未授权者不能进入的地方。与第三方分包商讨论必须按照签订的协议，并完全遵守信息披露对非美国公民的限制。

c. 培训及合格证。

任何人接触管制技术之前必须被书面告知技术控制方案规定的程序，其必须声明同意遵守这些规定，并得到技术管制主任或科研副校长助理签署的合格证。

对于项目负责人，如其项目获得资助，不管项目性质如何都会收到一份出口管制备忘录以提醒相关事宜。

（6）出口许可证申请。

如果一个项目受出口管制约束而又必须有外国人参与，授权代表就会申请出口许可证以便项目信息得以向该等外国学生或研究人员披露。需要注意的是，每个外国学生对应的每一个管制项目都得单独许可。而技术控制方案必须同时制定以兹遵守。

（7）海外旅行有关的许可例外与豁免。

海外旅行或传送物品有时也会触犯出口管制条例。依据所涉及物品、访问的国家，以及是否向外国人提供国防服务可以确定是否需要申请许可证。然而，存在一些许可的例外和豁免情形。

对于EAR管制的物品、技术或软件，项目人员携带出境而豁免许可必须同时满足：①仅为得克萨斯大学奥斯汀分校业务需要；②在出境12个月内归还或证明被销毁；③必须置其于自己的有效控制之内；④必须采取必要安全措施防范技术非法出口；⑤必须不到伊朗、叙利亚、朝鲜和古巴。

对于ITAR管制的技术资料传送到海外而豁免许可必须同时满足：①传送到

海外的资料仅限美国人使用；②这个海外美国人必须是得克萨斯大学奥斯汀分校或美国政府的雇员，而不是外国机构的雇员；③如果是机密信息，其传送必须符合国防部工业保密手册的要求；④保证不向ITAR限制的国家出口。

任何人计划海外旅行或向海外传送受管制资料必须事先咨询出口管制专员。所有的例外或豁免必须由项目资助办公室记录在案并在项目结束或旅行归来之日起至少保存5年。

（8）合规计划培训。

培训是防止出口管制违规的最好手段。出口管制专员负责更新培训资料，保证每一个涉及出口管制项目的师生员工受到适当的培训。院系领导、研发中心主任以及学校各个职能部门的领导都有责任在所属单位协助出口管制专员完成出口管制培训任务。

（9）档案保存。

得克萨斯大学奥斯汀分校实行每个出口管制项目单独建档制度。没有特殊情况，每个项目档案至少在项目或许可证终止之日起保留5年。

如果是ITAR管制的技术资料根据豁免条款出口，即便过了5年保存期，有关交易的记录还必须保留，包括：①对非机密技术资料的描述；②资料的接受者或最终使用者；③出口的时间；④资料传送方式；⑤豁免条款依据。

（10）监督检查。

为了保证学校出口管制合规，出口管制专员可以对技术控制方案实施情况以及个别项目开展评估。评估目的包括：①发现可能的违规行为；②发现执行程序、培训等工作的存在问题，以便及时纠正。

（11）发现和报告违规行为。

得克萨斯大学奥斯汀分校的基本政策是按照要求主动报告违法违规行为。自"9·11"之后，政府加大了对技术出口违法的查处力度，对违法犯罪行为的处罚十分严厉，但对于主动报告违规的情况则会明显从轻处置。

任何人发现可能存在违规行为必须立即报告学校授权代表，并且仅限于授权代表。一旦收到报告，出口管制专员将向有关政府机构提交涉嫌违规的初步告知函。然后，出口管制专员将会开展内部调查，收集项目背景、参与人员、涉事物品、通信手段等有关信息，形成补充报告提交该政府机构。补充报告内容包括：①项目及其背景；②违规行为描述；③涉事物品及其管制类别；④违规发生日期；⑤涉及国家名称；⑥涉事人员及其国籍；⑦解释违规发生原因；⑧采取补救措施；⑨得克萨斯大学奥斯汀分校出口管制合规承诺。

提交了初步告知函和补充报告后，出口管制专员将负责跟进政府部门的处理意见。

（12）纪律处分。

为了强调遵守出口管制法律法规的重要性，彰显违规行为的严重后果，学校对违规行为将按照校规校纪严肃处理。全体从事出口管制合规工作和参与出口管制项目的师生员工必须清楚违法的后果和代价，不仅是追究个人责任、罚款，甚至是牢狱之灾。

（13）员工保护。

按照学校的规章制度，对可以合理认定为由于过失导致违规，并主动报告违规行为者不会受到处罚。但是任何人明知故犯，故意误导，或者故意夸大事实将受到纪律处分。

（14）《得克萨斯大学奥斯汀分校出口管制合规计划》评价及延伸分析。

第一，得克萨斯大学奥斯汀分校高度重视遵守出口管制法律法规，这与"9·11"后美国政府强化出口管制执法力度，加大打击技术出口违法犯罪行为的背景相一致。通过设立专门机构和人员从事技术出口管制工作，制定工作方案，建立有关制度，使学校保证出口合规的承诺得到落实。

第二，《得克萨斯大学奥斯汀分校出口管制合规计划》目的明确，计划周密，措施得力，具有很强的操作性。其贯彻实施必将有效防止技术出口违规行为，特别是教学科研工作中"视同出口"违规行为的发生。但是，计划的实施需要投入许多额外的时间、人力和物质资源，这同时必定给教学科研工作带来很多额外的负担和不便。由于资料不可得，我们无法评估因为合规计划的实施对该校开展国际科技交流合作的准确影响，但考虑到管理制度的烦琐，违规处罚的严厉，我们有合理的理由相信这种影响是负面的。

第三，美国强化技术出口管制，给正常的国际科技交流和人员交往增加了不少障碍。由于正常的科技交流往往不受直接的商业利益驱使，更多依赖于科研人员的学术兴趣，严苛的管制制度之下，美国教学科研人员开展国际学术交流的积极性必然受到比较大的影响。

得克萨斯大学奥斯汀分校的个案并非孤例。我们随机访问了10所美国领先研究型大学的网站，包括哈佛大学、麻省理工、加州理工、加州大学洛杉矶分校等，发现无一例外，所有大学都有专门的机构和人员、同样完善的制度负责出口合规管制。以下是这些大学出口合规管理网址，登录时间是2016年5月。

http://vpr.harvard.edu/pages/export-controls-policies-and-procedures（哈佛大学）

http://osp.mit.edu/compliance/export-controls（麻省理工学院）

http://researchadministration.caltech.edu/export（加州理工学院）

http://ora.research.ucla.edu/RPC/Pages/nsreg.aspx（加州大学洛杉矶分校）

http://www.washington.edu/research/osp/?page=ecr（华盛顿大学）

http://www.montana.edu/orc/exportcontrol（蒙大拿州立大学）

http://www.research.psu.edu/osp（宾夕法尼亚州立大学）

http://www.umaryland.edu/ord/export-compliance/（马里兰大学）

http://www.nyu.edu/about/policies-guidelines-compliance/compliance/export-compliance.html（纽约大学）

http://www.nmt.edu/import-export-compliance-program（新墨西哥技术学院）

无独有偶，我们同时访问了美国几个著名的跨国高科技企业，包括思科、英特尔、甲骨文、国际商用机器等，发现它们同样具有完善的出口合规管理体系，并且非常注重有关员工培训。以下是这几家公司相关网址，登录时间2016年5月。

http://www.oracle.com/us/products/export/index.html（甲骨文）

http://www-03.ibm.com/products/exporting/（国际商用机器（IBM））

http://www.intel.com/content/www/us/en/legal/export-compliance.html（英特尔）

http://www.cisco.com/wwl/export/faq.html（思科）

第四，由于中国属于美国出口管制的国家，为达到遏制中国崛起的战略目的，美国对华长期奉行技术出口歧视政策。美国强化技术出口管制执法，对中美科技交流合作的负面影响更为严重，这从近年美国发放的"视同出口"许可大部分针对中国学者和研究人员这一事实可以得到证明。根据美国商务部公布的数据，2014年收到的向中国视同出口申请661宗，占同期该类申请总数1 077宗的61.4%。而且，从2010年至2014年期间，每年收到的向中国出口许可申请2 500～3 000宗，其中有20%左右没有得到批准。

在实际工作中，我们也可以明显感受到当前中美实质性科技合作的停滞状态，美方对我国科研人员赴美明显增加了行政审查频率，不少科技人员因为教育背景或者从事的研究工作属于美方认为的"敏感"领域而遭到拒签，使很多正常的人员往来都难以顺利开展。

3) **中国对美国出口管制的应对措施**

（1）应对美国出口管制的原则和策略。

应对美国出口管制有3个基本原则：①维护中国的国家利益；②促进中国科技进步；③维护世界和平和地区稳定。

中国应对美国技术出口管制的基本策略首先是要充分利用既有国际制度，可以适当利用世界贸易组织（WTO）、20国集团（G20/国际经济合作论坛）、国际货币基金组织（IMF）等组织的自由贸易原则来维护自己的合法权益。还可以有选择性地加入多边出口管制体系，将重点放在那些涉及民用领域和军民两用领域产品出口管制的多边出口管制组织，争取获得内部优势，从缔约的其他发达国家进口更多、更好的先进技术，从而突破美国对中国的技术封锁，有效地促进美国放松对华的管制。

其次是要尽快建立政府指导下的多元应对主体体系。商务部可以建立专门的出口管制政策监测部门，根据国外的政策变化指导国内企业建立应对机制，通过加强内部协调，增强对外谈判的筹码和能力。

另外，要把应对美国出口管制与加强中国高新技术及产品出口管理制度有机结合起来。随着中国经济实力和科技实力的增长，中国已经拥有部分国际领先技术，尤其是需要稀有资源才能生产的高新技术产品。通过对这些战略性高新技术产品出口的适度管制，可以增加在与发达国家就技术贸易问题上博弈的能力。

（2）应对美国出口管制的政策建议。

①加强自主创新。

后发优势理论说明，技术落后国可以通过引进、学习、模仿、改进等手段，在某一些技术上赶上甚至超过技术发达国。但是，当技术落后国赶上甚至超过技术发达国家之后，后发优势就不复存在，要想继续发展，不至于再度落后，就必须依靠本国的力量进行创造性的科技研发，即自主创新。只有本国科技实力强大了，在国际科技合作中才能取得平等的地位。科技水平相当的国家之间技术管制的必要性和重要性都会明显降低，相互放宽技术出口管制是水到渠成的事。

②加强对进口产品知识产权的保护。

美国的出口管制法律法规对技术产品进口国提出了一些严格的要求，如果进口国达不到相应要求，就不能授予出口许可。如果进口国在进口受控产品后违反了相关规定，涉案企业、人员就会受到一定的惩罚，甚至会被列入美国的国别管制清单。因此，中国应该完善相关的法律、法规和政策，加强对进口产品应有权利的保护，严格保护外国知识产权，遵守知识产权保护国际公约条约和与进口相关的知识产权协议或条款，严格执法，严厉打击知识产权侵权行为。逐步树立良好的国际形象，避免授人以柄。

③多方面拓展引进先进技术渠道。

在经济和科技飞速发展的今天，很多高新技术及产品并不是美国独有。虽然世界各个国家都在一定程度上实施技术出口管制，但管制程度并不一致。经济利益、国际关系、地缘政治、国际竞争等因素会错综复杂地影响一国的出口管制政策，中国不应仅仅局限于从某一个国家进口高新技术产品，应该不断拓展与世界各国的经济技术合作，拓宽技术引进的渠道和来源国。通过积极参与国际科技合作，参加乃至主导一些国际大科学、大工程计划，提高获取国际科技资源的能力和水平，自然可以有效突破美国对中国高技术的封锁。

④适时适度开放国家科技计划吸引国际合作。

国家科技计划对外开放是指各国政府为充分利用并整合全球科技资源来促进本国发展，除制定专门的国际科技合作计划外，允许拥有外国国籍的科学家、非本国独立法人或外资研究机构及企业参与本国主体科技计划的项目研究工作。在经济全球化的趋势下，科技活动要求在全球范围内优化配置资源，提高效率。同时，当今世界面临的共同问题，如能源短缺、环境恶化，以及许多科技问题日趋复杂，在规模、成本、风险等方面超出一个国家的承受能力，也要求在世界范围内开展科技合作。为最大限度地使用国际科技人才、设备和资金，利用和转化最新的科技知识，我们需要认真研究借鉴国外经验，以扩大国家科技计划开放为重点，进一步有效利用全球创新资源，提升国际科技竞争力。

首先，必须完善相关法规，为科技计划对外开放提供制度基础。要制定我国科技计划对外开放的指导意见和实施细则，包括外资机构准入条件、经费使用规定、研究成果使用规定等内容。承担国家科技计划所形成的科技成果须率先在我国产业化，向境外转移必须向国家知识产权和科技管理部门申请。

其次，对科技计划分类管理，重点开放基础研究和重大全球化问题研究。在基础研究开放中，通过吸收国外高水平科学家来华工作，有利于加快我国人才培养，弥补我国基础研究这一薄弱环节。通过加大能源和环保等领域开放，可以增强我国创新能力，解决经济社会发展面临的实际问题，提高解决重大全球化问题的参与度。

最后，要加强风险防范能力建设，切实维护国家利益。为防止科技计划开放过程中涉密研发信息、科技资源和创新成果流失，还需加强风险防范能力建设。应制定面向高级科技人才的有效激励政策和相应约束制度，避免承担国家科技计划项目的主要研究人员在与外国科技人员合作过程中流失到国外相关研究机构。加强对我国科研保密和知识产权的相关培训，帮助或指导我方科研机构、企业做好科技计划项目的知识产权管理和保护工作，避免知识产权流失。

⑤加强中美科技交流和人员往来。

改革开放以来，通过人员互访等交流，中美双方科技界建立了紧密的联系，两国科学家和工程师结下了深厚的友谊，在政府层面开展了稳定的合作。近年来，由于美方强化出口管制执法，对科技信息交流采用"视同出口"的管制政策，确实影响了美国有关机构和科研人员与中国开展科技交流合作的积极性，对双方正常的学术交流和人员往来形成了新的障碍。在这种情况下，我方更应积极主动地推动双边的人文交流，通过中美科技合作联委会、中美清洁能源联合研究中心、各领域议定书工作组会议等现有机制，着重加强人文交流在科技合作中的比重。要办好各类科技论坛，拓展交流领域。重点关注民生，建立长效机制。在卫生、环境等与民生密切相关的科技领域，探讨建立长效交流机制，形成政产学研结合的多层次、广领域的民生科技人文交流模式。

通过增加科学家和研究人员之间的交流，虽然不能直接突破美国的技术出口管制，但是科技人员相互学习借鉴，可以开阔思路，拓宽视野，对于研究与创新的突破大有裨益。同样的，有条件的地方和部门可以进一步加强高层次人才和研究团队的引进工作，目的也不仅仅是直接获得所引进人才团队掌握的技术，更重要的是掌握先进的研究理念和研究方法。如果只是盯着团队所掌握的技术，可能会因为违反美国的技术出口管制规定，而给引进单位和被引进者带来不可预测的经济法律风险。

⑥适当增加与美国各界的接触。

在适当的时候，我国有关主管部门可以主动加强与美国出口管制部门接触磋商，特别是在军民两用品方面，两国商务部要适时加强沟通协调，增强互信，减少信息不对称带来不必要的障碍，争取美国内出口企业的力量。

5.2 英国国际科技合作和知识产权管理制度

5.2.1 英国国际科技合作概况

1. 英国国际科技合作现状

英国政府将科学研究和创新视为提高生产力、推动经济持续健康发展、应对重大社会挑战的根本途径,大力支持科学研究和技术创新。

(1) 大幅增加科技创新投入。

英国"脱欧"后,英国科学界预计将失去作为欧盟成员国所获得的巨大资金支持。2007—2013 年间,英国从欧盟得到了 88 亿欧元的科研经费。在"地平线 2020"计划中,英国原本将接收总经费(770 亿欧元)的 15.4%。可以说,欧盟是英国科研投入的一个主要补充渠道。

近年来,英国政府在公共支出受到严格限制的情况下,一直保证 46 亿英镑的资源性科学经费投入。特蕾莎·梅政府更是承诺要逐年增加政府科技创新投入,除了将每年的资源性科学经费由 2016 年的 47 亿英镑逐年增至 2019 年的 51 亿英镑,以及践行政府之前做出的 5 年 69 亿英镑的资本性科学投资承诺外,还增设了产业战略挑战基金和国家生产力投资基金,以确保英国企业处于科学技术发展的最前沿,这将使英国公共研发投入从 2016 年的 95 亿英镑增长到 2021 年的 125 亿英镑。2017 年底,特蕾莎·梅首相还宣布英国政府将加强与产业界及社会各界的合作,未来 10 年内使英国全社会研发投入增加 800 亿英镑,到 2027 年将全社会研发投入占 GDP 的比例提高到 2.4%(2015 年为 1.68%),并最终实现 3% 的长期目标。

在削减财政赤字的大背景下,政府确认到 2020 年本届议会任期结束前,每年将增加 20 亿英镑的研发投入,解决了当前存在的一些不确定性,明确了研究与创新对英国的重要意义。英国科学界对此纷纷表示欢迎,认为这有助于弥补欧盟资金的缺失,进而缩小英国与国际竞争对手的投入差距。

(2) 改革研究与创新管理体系。

英国政府非常重视提高科研创新资助的管理和效率,力求跨领域方法和跨部门合作,使研究与创新管理在应对未来日趋复杂的重大挑战时更具战略性、综合性和灵活性。

一是政府着力加强英国研究与创新资助机构间的统筹协调。2016 年 5 月,英国政府发布《高等教育和研究法案》，启动新的英国研究与创新署（UKRI）的组建工作。英国研究与创新署由原来的 7 个研究理事会、创新署和新成立的英格兰研究署（主要接管原英格兰高等教育基金委员会稳定支持研究和知识交流的职能）组成，仍是隶属于商业、能源与产业战略部的非部委公共机构，主要负责统筹管理英国每年超过 60 亿英镑的全部科研经费。英国研究与创新署成立统一的董事会，董事会成员、主席和首席执行官均由科学国务大臣任命，主要职责是确定英国研发总体战略方向、综合交叉领域的协调决策，以及向国务大臣提供关于不同研究领域的平衡建议。英国研究与创新署将在英国未来知识经济发展中发挥关键作用，确保英国处于世界科技创新的前沿。

二是政府设立新的产业战略挑战基金，助力创新和发展基础设施。新基金跨越多个学科，支持企业和科学基地的合作，由英国研究和创新署负责监管。英国政府通过新的产业战略挑战基金的直接支持和商业部门的配套资金支持，重点聚焦科学优势明显，商业化潜力巨大的技术领域，如机器人、人工智能、工业生物和医疗技术、卫星、先进材料制造和其他领域。同时，新基金通过英国创新署的有效运作，能够给予高校、科研机构及创新型企业充分的资金支持，有效推动英国科学研究和商业利益的无缝对接，突出企业主导创新的核心原则。例如，高校接受新基金的资助后，将确定相关优先研究领域，并在已有前期专门知识的研究基础上，实现技术转移和衍生创新。这种将商业效应置于驱动地位的推进方式，将有利于商业化的问题和难题研究的重点开展。

2. 英国国际科技合作模式

英国目前作为欧盟成员国之一，对欧盟的研究和创新议程作出突出贡献，自身优势斐然。"脱欧"后的重要挑战是如何确保英国继续在欧洲和国际研究中发挥主导作用，并继续保持世界一流的科学研究地位。英国政府将更加重视国际科技合作，研究和探索各种模式以实现英国和合作伙伴国之间的最佳关系，从而确保英国在"脱欧"后积极融入全球科技创新体系，积极构建科研、创新与商业的良好环境，尽最大努力保护其科学研究、学术和创新财富。

（1）合作主体。

英国政府秉承务实和重商的传统，构建全球研发伙伴关系。一方面，英国持续加强和传统伙伴国家的双边及多边合作。与美国开展国际科技合作方面，两国持续投入近 10 亿美元/年的合作研发经费，不断夯实英美经济发展基础；与加拿大、澳大利亚、印度、南非等英联邦国家开展国际科技合作方面，英国政府开展技术人才引进等优惠政策，吸引优秀科学家赴英国工作，开展人员交流合作，吸纳他国科技优势领域。

以英国与欧盟开展国际科技合作为例。为降低"脱欧"对双方科技合作的影响，英国政府出台《科技创新合作面向未来的伙伴》报告，表明"脱欧"后英国与欧盟建立新的国际科技合作前景，阐明继续与欧盟保持紧密科技合作关系的愿望，承诺继续执行欧盟现有的资助计划，信守已有的承诺和义务。

①确保科研人员流动。英国将继续保证科研人员与欧盟成员国的流动。英国政府表示，居住在欧盟国家的英国公民的地位不会在"脱欧"后立即改变，反之亦然。对于研究人员来说，英国将继续强调人员流动的价值，以便提供最新的想法和知识，并帮助弥补其科学基础上的技术差距。

②探索与欧盟联合研发项目的最佳合作途径。目前，尚不清楚英国研究人员未来将如何参与欧盟资助的项目，但申请或参加"地平线2020"计划的科研人员现状不会立即改变，这意味着英国参与者可以继续申请项目。研究理事会将积极参与各级欧盟资助项目和相关政策对话，并与其他欧洲研究基金和执行机构保持良好关系，这对于保持英国在欧洲和国际研究中的领先地位至关重要。英国未来极有可能继续作为非成员国与欧盟合作，类似于瑞士和其他国家目前的模式。英国和欧盟将就人才自由流动、市场准入、科学过程的影响和获得财政援助等问题举行一系列权利和义务谈判。英国和欧盟在何种程度上就移民政策和会费等事宜达成协议，将影响它们之间的合作方式以及英国"脱欧"谈判进程中的最终合作关系。

③延续行业标准的一致性和连贯性。整个欧盟的共同规则和条例为人员、思想和数据的交流提供了强大的科学研究平台。偏离这些准则可能会增加英国研究、学术和创新的时间和成本。为了有效提升国家竞争力，英国需要确定哪些监管领域应该与欧盟保持一致，继续致力于标准和法规的制定和发展。

另一方面，英国也持续关注新兴发展中国家日益崛起所带来的契机，探寻新的合作伙伴关系，加强国际科技合作领域的务实合作。英国研究理事会在中国、印度和美国的办事处将继续探索新的国际合作机会，这符合英国希望与北美、印度和中国建立最稳定友好关系的外交立场。英国将继续致力于支持前沿研究，解决发展中国家在参与双边和多边活动、英国全球挑战研究基金和牛顿基金时遇到的问题。

（2）合作经费。

英国国际科技创新合作经费主要来源于其国际发展援助经费（official development assistance，ODA）。2016年英国国际发展援助经费达到187亿美元，是继美国之后的世界第二大国际发展援助经费支出国家。英国充分利用其国际发展援助资金，通过设立三大基金（牛顿基金、全球挑战研究基金和繁荣基金），计划2014—2021年为牛顿基金投入7.35亿英镑，2016—2020年为全球挑战研究基金和繁荣基金分别投入15亿和13亿英镑，从而提高英国与合作伙伴国在研究、创新和知识交流方面的能力，鼓励与英国优秀的研究机构和研究人员建立合作伙伴关系，共同开展如自然资源、气候变化、人口增长、粮食生产和全球健康等地区和全球性问题的前沿研究，搭建英国政府与合作伙伴国加强科学与创新务实合作的重要平台。

3. 英国的国际科技合作发展趋势

"脱欧"对英国经济的持续影响，使英国的科研创新面临着一系列挑战。如何确保对科学研究和技术创新的必要投资、研究人员和学术观点的自由流动、具有竞争力的产业优势和领先全球的科技创新力量地位，是摆在英国政府面前的一个重大问题。面对以科技实力为核心的全球综合国力日益激烈的竞争，英国政府一方面注重国际资源和市场，积极树立"全球化英国"形象；另一方面，从长远来看，将继续把科学、研究和创新作为推动国家经济增长和迎接各种社会挑战的核心力量，从而进一步推进科技创新体系改革，加大研发创新投入，制定面向2030年产业总体战略，积极构建适合长远发展的经济发展模式。

（1）科研经费的变动性。

在"脱欧"进程推进缓慢的大背景下，英国政府一直在紧缩财政开支，虽然英国政府承诺继续加大科技投入，与产业界合作加强研发能力，目标是到2027年让研发支出提升至国内生产总值（GDP）的2.4%，但科技界对承诺能否兑现仍持保留态度。2027年达到GDP2.4%的目标，仍然会使英国落后于其他在研发资助上投入更多的国家。如美国将其GDP的2.8%投入研发，而德国则为2.9%。同时，"脱欧"还将导致英国从欧盟获得的科研经费锐减。自加入欧盟以来，英国科技发展从欧盟获益良多。2007—2013年，英国为欧盟的科技预算贡献了54亿欧元，却从欧盟获得了88亿欧元的科研资助，是欧盟科研项目的最大受益国之一。而英国大学联盟的统计显示，2017年2月至9月与2016年同期相比，英国从欧盟的"地平线2020"计划中获得的项目数和资助额都出现了下降，英国参与"地平线2020"的项目数所占份额从15%下降到12%，经费所占份额从16%下降到13%。

（2）科研人员的流动性。

英国是一个科研高度国际化的国家，研究人员流动性很强。其中近一半是短期研究人员（即他们在同一国家的研究时间不超过两年）。一半以上的研究论文属于国际合作论文。欧盟国家是英国最大的合作伙伴，占英国合作文件的60%。人员的自由流动也使英国大学能够从欧盟吸引最优秀的人才。然而，在英国"脱欧"进程前景不明朗的情况下，来自其他欧盟国家的高层次人才担心，英国"脱欧"可能会给他们的签证和工作条件、英国或欧盟的科研资助申请以及欧盟内部国际科技合作的有序开展带来负面效应。

（3）科研地位的领先性。

英国的科学研究水平在许多世界排名中名列前茅，但近年来英国在科研领域的领先地位正受到新兴国家的挑战。随着中国、巴西、印度等新兴国家对科学研究的重视和科学技术的快速发展，全球科学研究模式变得日益复杂。以美国为首的其他研究密集型国家和以中国为代表的新兴研究型国家逐渐抢占英国在全球科研产出中的份额。

英国"脱欧"之后，如何保持世界一流的科研地位是各大研究机构和研究者关注的焦点。如果英国想要保持其作为世界上顶尖研究和创新国家的地位，必须确保研究人员能够使用最先进的设施，并在最前沿的机构中与最优秀的精英合作。2018年6月，欧盟委员会（European Commission）发表了下一阶段的欧盟研究与创新计划，并强调将投入近1 000亿欧元用于研究与创新，"地平线欧洲"（2021—2027年）计划将在"地平线2020"计划基础上，为欧洲研究人员提供更多资金，以联合应对全球挑战。欧盟研究与创新计划也将为欧洲主要合作伙伴提供合作平台。面对未来，英国政府表态将充分认识到国际科技合作的重要性，竭尽全力以伙伴国身份参与欧盟委员会下一阶段的研究与创新计划，确保英国的科学研究继续向世界开放。

5.2.2 英国知识产权法律制度

1. 英国国内知识产权法律制度

英国是普通法系国家，判例在英国法律体系中具有举足轻重的地位。但是在知识产权领域中，英国却以成文法为主。一方面是因为英国在该领域参加的国际公约较多，国内需要制定相应的成文法予以实施；另一方面，由于知识产权法具有公法性质，需要立法进行干预，而以成文法的形式制定规则显然比判例法规则更为明确和具体。

对现代英国专利制度产生重大影响的是1949年《专利法》和1977年《专利法》。1949年《专利法》实施至1978年6月1日。这部《专利法》实行了完全审查及异议期制度,首创了临时说明书制度,且专利权有效期规定为自完整说明书提交之日起 16 年。1977 年,英国立法机构全面修改《专利法》,于 1978 年 1 月 1 日生效,后经 1988 年修订,沿用至今。这部《专利法》将专利申请改为早期公开、延迟审查制,但依然保留异议期制度。而专利权有效期则进一步延长,为自申请日或自可确定的其他日期起 20 年。英国专利的种类包括发明专利和外观设计专利。专利申请必须符合绝对新颖性原则,发明在申请日(或优先权日)前,若已在世界各地经由书面、口述、使用、市场或其他任何方式公开,该发明即丧失新颖性。同时,《专利法》对优先权的规定是:如果同一发明(或外观设计)已向其他《巴黎公约》国家申请,而要在英国主张原申请日期,则应在第一次国外申请之日起 1 年之内向英国专利局提出申请(如系外观设计,则为半年)。

英国《商标法》最早颁布于 1938 年,最新修订于 1994 年。商标注册和管理由知识产权局下属的商标注册办公室负责。英国的商标管理制度属于靠使用和靠注册都可以获得商标权的制度。英国《商标法》规定,用于同样商品的相同或相似商标的在先使用人不排斥在他之后的使用人获得注册,已注册的所有人则不能排斥在先使用人在原有范围内继续使用。只要经过法院或专利商标局长同意,在先使用人还可以在别人已就同一商标注册后,在商标注册处注册成为"共同使用人"。因此,既存在共同使用,又存在共同注册,商标专有权只能是所有权。注册商标从正式申请之日起有效期为 10 年,以后每延期一次的有效期也为 10 年。

英国著作权保护法律最先见于 1709 年颁布的《安娜女王法令》,现行的《著作权法》自 1956 年颁布以来沿用至今。英国《著作权法》对外观设计提供保护,保护期与一般文学作品相同,即作者有生之年加死后 50 年。但与大多数大陆法系国家不同,英国《著作权法》规定雇佣作品的作者在一般情况下不享有著作权,而是由雇主或受雇的企业享有,并且对保护作者的精神权利没有做出规定,在司法实践中通常由衡平法院规则进行保护。

2. 英国加入知识产权国际公约及其适用

英国在知识产权方面已参加了众多的国际公约,包括《保护工业产权巴黎公约》《保护文学艺术作品伯尔尼公约》《罗马公约》《专利合作条约》《与贸易有关的知识产权协定》等。根据 TRIPs 第 2 条和第 9 条的规定,除不适用《伯尔尼公约》保护精神权利的规定外,所有成员国都必须实施《伯尔尼公约》《巴黎公约》《罗马公约》《集成电路知识产权公约》的规定,而不管这些成员国是否签署上述知识产权公约。TRIPs 第 3 条同样规定了国民待遇原则，但其第 2 款规定相关行政程序和司法程序除外。因此，根据 TRIPs，一般应适用保护国法，只有在涉及相关行政程序和司法程序等少数情形时才适用法院地法。

对于上述所参加的国际公约，英国先后通过了相应的国内法予以实施。上述国际公约几乎都提及国民待遇原则，这一原则要求法院地国在选择准据法时一般应适用保护国法。但是，"保护国法"这一表述过于宽泛，在知识产权的不同领域，保护国的确定方式是不同的，而且，这些国际公约主要涉及保护知识产权的统一实体法，而并非专门的知识产权冲突法公约。显然，仅仅依据这些国际公约不可能完全地解决知识产权的冲突，因此英国的相关国内法除实施这些国际公约之外，又规定了许多有关法律适用的规则。

3. 英国的知识产权保护执法

英国知识产权侵权行为会受到民事或刑事制裁。英国境内知识产权执法有多种选择，包括民事诉讼、贸易标准和刑事执法、边境执法、英国知识产权局意见服务，以及其他非官方和非正式的执法渠道。

（1）民事诉讼。

民事案件可以根据索赔数额的不同向不同法院提出申请。专门的知识产权企业法院（IPEC）受理大部分英格兰和威尔士的知识产权案件，并且为低价值赔偿请求提供小额索赔途径。高等法院审理金额较大并且更复杂的案件。法院可以授予禁令和损害赔偿，并命令败诉方支付胜诉方合理的费用。一审判决后没有自动上诉的权利。如果相关法官授予权限，可以通过上诉法院和英国最高法院提出对一审判决的上诉。苏格兰有一个区别于英国其他地区的独立法院系统。

（2）贸易标准和刑事执法。

贸易标准隶属于地方政府，用于执行英国的若干条例，包括对知识产权的侵权行为采取的行动。贸易标准是刑事司法系统的一部分，并有权直接通过刑事法院起诉案件。其他负责知识产权犯罪执法的英国机构包括警察机关和国家罪案署（针对有组织的犯罪集团）。大多数的刑事制裁针对的是获得了商业利益的侵犯商标及版权的行为。英国最近立法的修订，引入了故意复制注册外观设计权的刑事制裁。目前没有专利侵权的刑事制裁。刑事罪行可能会有长达 10 年的有期徒刑，以及损害赔偿和勒令没收。

（3）边境执法。

英国边境检察署有权扣押涉嫌侵犯欧盟当局授权的并已进行商标海关备案

的货物。英国边境检察署不能扣押由其他欧盟成员国进入英国的货物,只能扣押从欧盟以外的国家进入英国的货物。

(4) 英国知识产权局意见服务。

英国知识产权局可以对专利有效性和侵权案件提供不具有约束力的意见。一份知识产权局的意见是高级审查员对主要争议问题的独立评估。这种意见可有助于和解或者决定是否继续全部的法律诉讼程序。

(5) 非官方和非正式执法渠道。

非官方和非正式执法渠道包括通过电子商务平台和其他网站的关闭程序,警告函(仅可以由有资质的法律专业人士建议发送),以及基于合同中有关争议解决条款的仲裁。

4. 英国技术出口制度

(1) 英国出口政策概述。

英国是世界第六大经济体,经济发展程度高。因此,英国的国际贸易市场也相当成熟。英国与世界其他国家的进出口活动频繁,是国际经济与贸易强国,在世界经济中占有重要地位,是世界第四大贸易国,贸易额占世界贸易总额的5%以上。在出口方面,英国主要以机械、汽车、航空设备、电器和电子产品、化工产品和石油为主,其中,2009年,机电产品、化工产品、运输设备和矿产品类商品占英国出口总额的23.2%、18.6%、11.8%和1.4%。

在对外贸易政策上,政府通过放宽贸易和投资政策,帮助英国企业在海外获得成功,以及鼓励海外公司同英国进行合作,因此,英国基本实行自由开放的贸易政策,除个别行业的生产,如军事、高技术等敏感产品和设备方面外,基本不干涉企业的具体经营行为。相应地,英国在对外贸易法律制度方面也相对宽松,总体来说,英国立法机关以及政府在制定相关的贸易政策以及法规时,遵循保护英国国家整体利益出发的同时,也考虑各行业及个人的利益,以确保有关措施的实施的原则。同时,因为英国属于欧盟成员国,英国也采用欧盟共同政策,即在欧盟内部实行统一大市场,英国政府对企业向欧盟以外的国家的出口总体上无限制,企业可自主决定经营品种、项目、资金数额和投资方向等。

(2) 英国出口管制体系。

在英国,出口管制被称为战略性出口管制(strategic export control)。英国最早的出口管制制度是1939年制定的《进口、出口和海关权力法案》(*The Import, Export and Customs Powers Act*),该法案允许政府可以不经过议会决议发布有关进出口管制法规,而且,当中还规定了在特殊时期,如果向特定的国家出口特定的商品，将构成刑事犯罪。尽管该法案的有效期至1945年，但其后一直有效，经过1990年的修订后，成为1990年《进出口管制法案》的一部分。

时至今日，出口管制在英国已有75年的历史，在政策、法规及执行机构等方面形成了一套较为完整和成熟的体系，成为英国规范出口管制、实现防扩散目标的有力工具。

目前，英国出口管制的成文法主要分为欧盟法与英国的国内法。欧盟法作为上位法，对欧盟成员国生效，并具有更大的效力，包括《欧盟军民两用产品法规》（EU Dual-use Regulation），以及《欧盟刑具产品管理法规》（EU Regulation on Torture）；英国国内法则根据英国的法律体系而设置的。其中英国国内法关于出口管制的法律法规包括：2002年颁布的《出口管制法案》（The Export Control Act），依据该《出口管制法案》制定的《出口管制条例》（The Export Control Order），以及2006年颁布的《放射源出口管制条例》（The Export of Radioactive Sources Order）。此外，相关法规还包括《英国战略出口管制清单》（The UK Strategic Export Control Lists）。《出口管制法案》于2004年5月1日开始实施，它是英国关于军事和军民两用产品出口管制的主要法律，其替代了关于战略出口管制的《进口、出口和海关权力法案》，该法案还提供了一个更加透明的框架，并增加了议会问责制。该法案还赋予了英国政府延伸管制的权力，以巩固先前的次级立法和实行新的管制范围。《出口管制条例》是根据《出口管制法案》，在2007年8月修订并颁布，它总结了此前关于出口管制的各类法律文件，并进行整合、更新，形成了一部完整的法律文件，不仅是有关出口管制问题的主要法规，而且还为其他出口管制法律法规如何施行提供了具体的指导。它包括战略货物出口、技术转让和提供技术援助、与海外国家之间的军事装备贸易（管辖任何一部分活动发生在英国的情形）、英国依据欧盟或安全合作组织武器禁运目的的法规或声明中所执行的贸易控制等内容。而英国战略出口管制清单则是决定何种产品、软件或者技术是受控制的，一旦被列为受控制的产品，该产品出口必须向出口管制组织获得出口许可证。

（3）英国出口管制组织。

英国出口管制的主管部门为商业、创新与技能部（department for business, innovation & skills）所属之出口管制组织（export control organisation）。出口管制组织的职责：评估欧盟统一标准下的战略性货物的出口许可并颁发出口许可证；审查出口公司是否符合开放许可的条件；与其他政府部门在反扩散工作中进行合作；推动形成全球的军控政策；完善英国的出口许可立法；为出口商提供帮助、培训和咨询服务。出口管制组织为控制战略性货物的出口，采取颁发许可证的管制方式。其中，战略性货物包括军事装备、两用物品（产品既可以用于民事用途，又可以用于军事用途）、用于酷刑的物品、放射源。出口管制组织旨在帮助英国的企业在法律框架内负责任地出口货物，其许可程序要求回答出口为何物、出口至何处和出口予何人。

英国战略出口管制许可证体系，由出口许可证共同体（export licensing community）管理，一系列所谓的战略性货物都需要出口许可证，这一共同体包括6个政府部门和机构：商业、创新与技能部（BIS），外交和联邦事务部（FCO），国防部（MOD），国际发展部（DFID），税务海关总署（HMRC）和边境管理局（UKBA）。其中，商业、创新与技能部是出口管制的核心主管部门，主要负责制定出口管制规章制度，出口许可证审批、发放及管理，向企业的宣传和教育、为企业提供咨询，对拥有许可证的企业进行监督以及维护官方网站等工作；外交和联邦事务部、国防部、国际发展部通过相关分析，对有关出口申请提出意见并提供给商业、创新与技能部参考；税务海关总署为出口管制的具体执行机构，负责调查潜在违反规定的行为；边境管理局负责出口管制的相关监管工作。

许可证的申请、审核和发放由各政府部门共同完成，商业、创新与技能部处于整个流程的核心位置，许可证由所属之出口控制组织颁发，其他部委、海外办公室和相关专家提供参考意见。英国颁发的出口管制许可证分为7种，包括开放通用出口许可证、欧共体通用出口授权、标准个体出口许可证、开放式个体出口许可证、全球项目许可证、转运许可证和贸易管制许可证。相关货物在出口之前必须预先获得所需的出口许可证，这个责任由英国出口商承担。出口控制由英国税务及海关总署执行，总署有权扣留或在必要时扣押准备出口的非法货物，对违规行为进行调查，并能在法庭起诉。如果在没有许可证的情况下故意出口受控货物，可能会被判处最高达10年的监禁和无限额罚款。

在判定货物是否需要出口许可证方面，2006年3月，出口管制组织推出了一个名叫货物检验器的网络搜索工具，可以帮助英国出口商判定它们的货物、软件或技术是否需要遵守英国或欧盟委员会的战略出口控制法律。出口管制清单上所列的内容都需要出口许可证，包括军事、准军事和双重用途的货物（如一些民用货物可能用于军事用途，或者用于大规模杀伤性武器的扩散和导弹运送系统），例如，武器（包括民用轻武器）和军火、警察和保安设备，以及专门为军事用途设计或改装的物品；商用物品（如某些化学品）；金属和工程材料；

核及放射性材料；机床；电子元件；激光和光学产品；成像、导航和通信设备；高规格计算机；宇航和海事设备；软件和技术。出口控制单的内容还不限于此。此外，如果对某个具体的终端用户会将未列入受控物品清单的物项用于某种最终用途感到关注的话，则这些物项也可受到出口控制。这就是所谓的终端使用控制或全部涵盖控制。最后，其他类型的货物或某些活动的出口可能会由于某些事件而受到出口控制，比如针对某些国家或地区实施的贸易制裁或武器禁运。

另外，出口管制组织会就下述类别提供详细的指导：①进口和出口管制方面，管制商品范围以及如何为该商品获得许可证；英国战略性货物出口管制清单；如何与出口管制组织沟通。②禁运和制裁方面，在对个别国家出口有关武器、军事用品和两用物品上的贸易限制，比如英国对华禁运信息以及如何获得出口许可。在2013年至2014年，出口管制组织的工作重点是提供一个高效、完善和严格的出口许可证服务；成为一个更加以客户为重心的组织，以响应更广范围内出口商的需求；为主要的出口活动提供支持；维持基于统一标准的有效的出口管制制度，其中要考虑到英国的国家利益和义务。

5.3 欧盟国际科技合作和知识产权管理制度

5.3.1 欧盟国际科技合作概况

1. 欧盟国际科技合作现状

欧盟是世界上经济最发达的地区之一，经济一体化的逐步深化又促进了该地区经济的进一步繁荣。欧盟在加强全球科技创新合作，保持科技创新卓越，创造新商业机遇和促进全球可持续发展等方面，具有突出贡献。在国际科技合作政策方面，欧盟致力于构建欧盟框架计划。作为欧盟成员国和联系国共同参与的当今世界上最大的官方科技计划之一，以研究国际科技前沿主题和竞争性科技难点为重点，是欧盟投资最多、内容最丰富的全球性科研与技术开发计划。

（1）科技政策沿革。

始于1984年的欧盟研发框架计划（framework programme，FP），前七期均以数字命名，从第一框架计划（FP1）到第七框架计划（FP7）。欧盟第七框架计划（framework program 7，FP7）全称为"第七个研究与技术开发框架计划"，是欧盟资助欧洲研究的主要途径，该框架计划为期七年（2007—2013），总预算500多亿欧元，是FP6经费投入的三倍，包括合作计划（cooperation）、原始创新计划（ideas）、人力资源计划（people）、研究能力建设（capacities）四部分。

"地平线2020"计划（horizon 2020，2014—2020）是第七个欧盟科研框架计划之后欧盟的主要科研规划（又称第八科研框架计划），是欧盟委员会于2013年12月11日批准实施的一项科研规划方案。"地平线2020"计划总预算经费是770.28亿欧元，自2014年以来已经实施两期，第一期2014—2015年，第二期2016—2017年，共支持了14 000多个合作研究项目，这些项目至少有一个欧盟国家参加，取得了较好成效。2017年10月27日，欧盟委员会公布了地平线2020计划最后一期（2018—2020）工作计划，该工作计划是在充分考虑地平线2020中期评估结果以及欧盟政治重点任务的基础上制定的，对未来3年的重点任务进行了部署。欧盟投入300亿欧元用于技术研发，主要领域的投入是卓越科学104.565亿欧元、社会挑战79.991亿欧元、工业领先45.359亿欧元、欧洲创新委员会领航项目26.482亿欧元。

目前，"地平线欧洲"计划（horizon Europe，2021—2027）是欧盟正在多年度财政框架下拟订的第九期研发框架计划，欧盟委员会为"地平线欧洲"提出941亿欧元的预算建议，相对于"地平线2020"计划的770亿欧元，已是大幅提高，若考虑英国"脱欧"因素，新一期框架计划的预算增长幅度相当可观。

（2）欧盟框架计划下的国际科技合作。

随着框架计划开放性程度和项目国际化水平的不断提高，参与国从最初的少数成员国发展到FP7的162个国家。1986年以来，欧盟各项协定明确将与第三国（即欧盟成员国以外的国家）的国际科学合作作为一项重要政策，这表明了欧洲联盟委员会对除成员国内合作以外的国际科技合作日益重视。2008年，欧盟委员会通过了《欧洲国际科技合作战略框架》，并成立了新的欧洲"国际科技合作战略论坛（SFIC）"，其主要职责是制定协调一致的欧盟国际合作战略，进一步加强与第三国的科技合作。

2014年，欧盟最新的国际科技创新合作战略正式施行，欧盟委员会组织独立的高级别专家组，对欧盟国际科技创新合作战略的执行情况进行全面和系统的评估。评估报告指出，作为欧盟外交和安全政策的重要组成部分，欧盟在科技创新方面的国际合作战略总体成效良好，在减缓气候变化、抗击传染疾病、确保粮食安全和促进绿色发展等全球社会挑战方面能够积极应对。

欧盟国际科技创新合作战略（international science and technology innovation cooperation strategy）设定的目标是，加强欧盟在科技创新方面的卓越贡献，创建一个吸引世界级科技创新人才的欧盟研究领域（ERA），努力增强欧盟工业企业的全球竞争力，共同应对全球社会挑战，支持欧盟统一的外交政策。评估报告还评估了欧盟科技创新合作战略六大重点行动的进展，即，欧盟2020地平线（H2020）的开放程度和H2020国际科技创新合作项目的实施情况；改善和创造国际科技创新合作的条件；加强欧盟在国际多边框架中的主导作用；加强欧盟成员国之间的伙伴关系，共同致力于外交事务；统一和协调欧盟科技创新政策；加强国际科技创新人员的合作与交流。

①欧盟第七研发框架计划（FP7）下的国际科技合作。

作为资助欧盟研发创新项目的主要科技创新计划，过去7年来（2007—2013）的公共财政预算投资达到580亿欧元。围绕欧盟2020年战略和创新联盟旗舰计划确定的战略目标，共资助了25 000个具有各种优先主题的研发创新项目，130 000名科技人员直接参与。在研发创新项目层面，30%以上是工业企业科技人员主导，60%以上是科研机构和学术组织主导，40%以上是女性科技人员主导。

2007—2013年，来自世界170个国家的科学家和技术人员直接或间接地参与了欧盟第七研发框架计划项目，其中86%来自欧盟成员国，8%来自欧盟联系国，6%来自第三国。欧洲联盟科学研究理事会（ERC）直接支持了11名诺贝尔奖获得者和5名国际特别奖获得者的研发和创新活动。欧盟玛丽·居里行动计划（Marie-Curie）支持50 000名科技人员开展国际科技合作与交流，涉及来自世界80个国家的科技人员。

2007—2013年，欧委会联合欧洲投资银行（EIB）为研发设立了风险共担投资和融资机制（RSFF），主要用于支持创新型中小企业的研发创新活动，研发创新投入或再投入和吸引全社会投入达到120亿欧元。

2007—2013年，研发创新活动的主要产出包括发表科技学术论文57 000篇，其中50%以上发表在国际知名学术期刊上；1 300项发明专利已经成功商业化。欧盟第七研发框架计划为其后的"地平线2020"计划奠定了坚实的基础。

②"地平线2020"计划下的国际科技合作。

欧盟拨付了10亿欧元的预算以旗舰计划的形式与非欧盟国家开展科技合作。在此期间已经建立了30个旗舰项目。合作目标和内容包括与中国在食品、农业、生物技术、新能源等领域的合作；与加拿大的个性化医疗合作；在道路交通自动化方面与美国、日本、韩国、新加坡和澳大利亚合作；与印度在水资源问题上的合作；与非洲国家在食品安全和可再生能源方面的合作。"地平线2020"计划的主要亮点包括启动新的创新活动支持措施以刺激新市场，高度整合重点领域（如低碳、循环经济、气候变化、安全联盟等领域经常涉及多个科研计划）的科研项目，重视创新成果的传播，注重科研数据的开放获取等。

③"地平线欧洲"计划下的国家科技合作。

将基本延续第八研发框架计划"地平线2020"模式，将支持三个"支柱"，分别是开放科学（open science）、全球挑战（global challenge）和开放创新（open innovation）。全球挑战部分预算最多，达527亿欧元。在三大支柱基础上，通过共享卓越科研成果和进一步改革，强化欧洲研发创新生态和欧洲研究区的建设。"地平线欧洲"计划的主要亮点包括欧洲创新理事会自2017年已经开始试运行，其目标定位是支持颠覆式创新（从实验室到市场）和中小企业扩大规模，自2021年起将正式启动欧洲创新理事会；同时在科研领域上，同意在气候变化、癌症、海洋、智能城市和土壤治理等五个科研领域开展以任务使命为导向的研究。目前方案并未涉及英国"脱欧"后如何参与欧盟的科研项目等敏感问题，即便如此，欧盟也将坚持创新引领，进一步加强创新能力，探讨制定未来科技创新合作路线图，在基础研究、前沿学科和重大社会挑战等领域与各伙伴国家深化合作。

2. 欧盟国际科技合作模式

作为世界上最大的单一经济体，欧盟通过框架计划等重大战略科技项目的内外合作，在一些前沿性关键领域引领当今世界科技发展的趋势和方向，充分实现了欧盟成员国之间的国际科技合作。

1）合作层次

欧盟在国际科技合作中采取网络化合作方式，理顺合作伙伴在科技能力方面的不对称性。一方面，整合区域内的科技资源，优化促进成员国间的科技合作，并尽量避免与各成员国家科技战略相冲突；另一方面，作为整体代表欧盟成员国对外开展科技合作，欧盟主要合作国家包括工业化国家、新兴经济体国家及发展中国家，针对不同国家及区域，制订区别对待的国际科技合作联络计划。从近些年的变化看，欧盟愈加重视同新兴国家，如"金砖四国"进行科技合作，合作开始向亚洲国家集中，视其为科技政策的制胜点。

2）合作机制

欧盟针对不同合作项目，通过科技协议、双边对话等形式，对科技合作进行有效协调，提高合作项目的国际参与度。在确定科技项目的过程中，欧盟从全球目标和双边共同目标入手，着力以需求驱动研究，促成长效科技合作。以"地平线2020"计划和"地平线欧洲"计划为例，欧盟在国际科技合作中采取基于框架计划的网络化合作方式，有助于合作伙伴之间的相互学习，平衡各方科技能力的不对称。

（1）"地平线2020"计划。

为鼓励欧盟与第三国开展实质性的国际多边合作，2014年欧盟委员会在前期大量调研基础上，出台了"地平线2020"计划中针对第三国科学合作的战略方案，即实施"全面开放的国际合作"和"有针对性的国际合作"。计划规定，单个项目参与的最低条件为至少有3个相互独立的法人机构联合参与，每个机构都应来自欧盟成员国或相关国（候选国、联系国或第三国）。总的来说，欧盟在"地平线2020"计划中采取了以全面开放的国际合作活动为主导，针对性的国际合作活动为辅助的模式。

①全面开放的国际合作。

指让欧盟研究人员不受限制地与世界各地，特别是来自第三国的研究人员和研究机构的同行合作参与"地平线2020"项目。欧盟通过和第三国签署国际合作协议、派遣科学参赞和参与欧盟框架计划进行合作。详情如下：

国际合作协议：合作协议内容涵盖合作研究项目、研讨会、研究人员互访和共享科学设施等国际合作活动。自1994年以来，欧盟通过科研与创新总司与20多个国家签署了国际科技合作协议，为欧盟和第三国之间的国际合作提供了政策保障。

派遣科学参赞：目前，欧盟已在多个国家设立了科学顾问和专员网络。这些派驻官员在相关国家从事政策研究和发展，并代表欧盟与相关国家讨论合作问题。

第三国参与"地平线2020"计划的四种方式：

一是作为联系国。目前，13个国家签署了成为框架计划联系国的协议。在计划实施期间，联系国享有与欧盟成员国相同的地位。这些国家的国际研究机构和研究人员可以参与框架计划所有领域的项目，并获得欧盟的资助。与此同时，这些国家必须投资于框架计划，以增加总体预算。目前，联系国主要是欧洲自由贸易联盟国家或潜在的欧盟成员国。这种合作的目标是将这些国家融入"欧洲研究区"。

二是作为其他第三国家。非联系国的第三国可以在"开放"的原则下申请和参与框架项目。"地平线2020"计划将巴西、中国、印度、墨西哥和俄罗斯定义为高收入国家，并要求它们提供匹配的资金，资助其研究人员参与研究项目。"高收入国家"的研究机构不能接受欧盟资助，除非它们的参与被视为对研究项目本身至关重要。

三是参与有针对性的研究项目和项目征集。在"地平线2020"计划框架下，2014—2015年20%的征集指南涉及需要有第三方国家参与的国际合作，其中一些还包括了具体国家和战略优先领域。

四是参与非欧盟国家研究人员流动项目。科研人员只要能够保证研究将在欧盟或相关国家有超过一半的项目实施时间，即有资格申请欧洲研究理事会的项目。任何国家的研究人员都可以申请玛丽·居里项目在欧盟或相关国家进行研究。

②有针对性的国际合作。

指与主要合作伙伴开展符合科学、经济和政治需求的国际合作活动，为此需要制定专门的国际合作战略及目标。

在"有针对性的国际合作"框架下，2014年欧盟特别发布了与11个第三国国际合作路线图，涵盖4个工业化国家（加拿大、韩国、美国和日本）、5个新兴科技大国（巴西、俄罗斯、印度、中国和南非）以及东欧和地中海南部地区的两个欧洲邻国。每份路线图都列出了与这些国家合作的现状，并为未来研发和创新合作活动设定了优先领域。在选择目标国家和优先合作领域时，欧盟全面考虑了包括国际合作伙伴研究与创新实力、进入市场机会及提升自身竞争力的可能性、履行国际承诺和义务能力、国际合作方面已有的法律和行政框架等在内的相关因素。

（2）"地平线欧洲"计划。

为了更好地应对欧盟自身发展乃至全球发展面临的共同挑战，更深入、更广泛地动员全球科技人才和资源迎接挑战，欧盟将通过"地平线欧洲"计划进一步加强与其他国家的国际科技合作，以更好地发挥该计划的影响力。

"地平线欧洲"计划将进一步加强国际科技合作，探索与不同国家的合作方式，鼓励这些国家成为该计划协约国（直接向"地平线欧洲"出资的国家）出资参与计划，并增加与第三国（欧盟成员国和协约国以外的国家）的合作。在"地平线欧洲"计划下，欧盟将通过科技项目的联合资助、合作平台和基地的共建等方式，不断完善该计划的国际化，从而汇聚全球优秀科技资源，为欧盟科技战略目标服务。

3. 欧盟的国际科技合作发展趋势

纵观欧盟的发展历史，其科技政策旨在为欧盟的经济和社会发展服务，与欧盟联合和一体化进程是一脉相承的。欧盟研究理事会在1988年发布的"欧盟第五框架计划"中明确指出，欧盟的研发政策基于"双重原则"，即科技优势和欧盟政策目标。同样，欧盟的国际合作政策也基于上述原则。

欧盟成员国与第三国在科技创新方面的国际合作应服务于以下目标：一是增强欧盟研究与创新的实力和吸引力，增强其经济和产业竞争力，主要通过平等互利的双赢合作、获取外部知识资源、吸引人才和投资、进入新兴市场等方式；二是通过更快地找到和部署有效的解决方案，优化研究基础设施使用，共同应对全球挑战；三是通过与人道主义援助和发展政策的密切协调，支持欧盟的对外政策，并将研发和创新作为欧盟对外行动计划的组成部分。欧盟重视"科学促进外交"，将国际研究与创新合作视为改善与关键国家和地区关系的软实力工具。它促进了友好国际关系的建立，并反过来有效地促进了研究和创新方面的国际合作。

（1）优化合作策略。

在国际合作中，欧盟根据伙伴国家的研究和创新实力，采取差异性战略来实现不同的合作价值。一是以加拿大、韩国、美国、日本及金砖国家等科技创新体系完善、科技创新实力雄厚的工业化国家和新兴经济体为合作伙伴。目标是通过国际合作加强欧盟自身的科技能力和创新能力，通过创新解决方案共同应对全球挑战，并通过获取新的知识资源开发实用技术。二是对于欧洲自由贸易联盟（EFTA）国家，欧盟扩大国和欧洲邻国政策覆盖的国家，如东欧和地中海南部，欧盟的目标是将这些国家纳入"欧洲研究区"，并创造"知识和创新的共同空间"。三是与发展中国家的合作。侧重于通过建立合作关系（特别是双边合作）改善欧盟的外交政策，以支持这些地区的可持续发展，并共同应对绿色经济、气候变化、农业、食品安全和公共卫生等挑战。

（2）创造合作环境。

在实施国际科技合作战略过程中，欧盟还注重为全球研究和创新人员创造公平开放的竞争环境，推动全球科学界就负责任的研究与创新、同行评议、女性科学家事业发展、研究人员事业发展、知识产权以及公共资助研究的开放获取等问题达成国际共识。

欧盟的人才计划主要通过"玛丽·居里"行动予以实施，其预算的25%用于国际合作项目，主要支持欧洲研究人员在海外开展研究，同时也吸引非欧洲精英科学家参与合作。欧盟还非常重视基础设施建设，能够为伙伴国家提供包括高性能计算和通信资源等必要的科学研究基础设施。欧盟开放合作的国际科技创新环境，为应对全球研究挑战作出了重要贡献。

(3) 加快合作转型。

数字化转型是开启欧洲未来增长的关键。2018年6月，欧盟委员会发布报告《投资未来：2021—2027年欧洲的数字转型》。报告指出，在"地平线欧洲"项目期间，欧盟委员会将制定一项总预算为92亿欧元的"数字欧洲计划"。五个关键的重点资助领域分别是超级计算（27亿欧元）、人工智能（25亿欧元）、网络安全和信任（20亿欧元）、先进数字技术（7亿欧元）、确保数字技术在经济和社会中的广泛使用（13亿欧元）。五大关键领域将用于塑造和支持欧洲社会和经济的数字化转型，为欧盟的国际科技合作奠定良好基础。

5.3.2 欧盟知识产权法律制度

欧盟知识产权体系由欧盟层面法律和成员国层面法律两部分组成。其中，成员国层面法律以相关欧盟法（包括《欧洲专利公约》）及其在相关国际协定中的承诺为基础。欧盟知识产权立法工作不断以确保内部市场运行为目的进行相关修订。

1. 与欧盟及其成员国相关的国际条约

知识产权的保护有许多国际条约进行调整。部分或全部欧盟成员国均以各自的名义加入的国际公约包括《保护工业产权巴黎公约》《保护文学艺术作品伯尔尼公约》《保护表演者、录音制品录制者与广播组织公约》《罗马公约》，以及由WTO成员方共同签署的TRIPs。与此同时，欧洲共同体又以自己的名义加入了其中的某些条约，如TRIPs等。但是，对于完善欧盟内部市场而言这些还远远不够。为此，欧共体委员会决定力争实现各国国内法在不同领域中的协调化，尤其是实现有效且更加有力的知识产权保护。针对这些差异，委员会分别对各类知识产权保护规定做出了调整。

2. 针对成员国知识产权法差异而推行的措施

（1）商标方面。

委员会首先将精力集中到建立共同体商标与调整国内商标法上。第一项措施服务于国内法律规范的协调化。委员会为此颁布了一个准则，统一了国内法中商标登记的前提要件，以及随商标所赋予的具体权力。第二项措施是完善关于共同体商标的相关配套条例，当中包含了于1993年12月20日颁布的共同体商标条例。与该条例相配合的是执行条例、上诉程序条例及一个有关费用的条例。这一系列配套条例的完成，标志着共同体商标在实体保护和程序保护方面有了相对完整的体系。2004年2月通过的一个新条例，使共同体商标保护系统的功能得到了增强和优化（尤其在有关旧商标的检索以及共同体商标权利人定义方面）。

（2）外观设计与模型方面。

外观设计与模型领域的权利保护进程与商标保护很相似。1998年欧盟为实现该领域权利保护的协调化，针对个别国家的国内法颁布了一个条例后，又在2001年12月颁布了另一个条例。该条例旨在统一共同体外观设计或模型的保护规范，使这些权利客体能在共同体内部市场中得到统一的保护。

（3）专利体系与共同体专利方面。

欧盟1973年制订了《欧洲专利公约》（简称EPC，2007年修订），对专利予以保护。2007年版EPC对相关程序和做法进行了完善，对实质专利法进行了小幅改进。各成员国专利法存在的差异在一定程度上影响了欧盟内部统一大市场的正常运行，欧委会正设法使各成员国法律趋同，其最终目标是引入共同体专利，以更有效地防止专利侵权。

（4）实用新型方面。

实用新型在欧洲的适用和其他几种知识产权一样都存在过相同的问题，成员国国内法的实用新型保护体系有着很大的差异，这种差异直接地影响了欧盟内部货物的自由流通和经济交往。为解决这个问题，欧洲委员会于1997年12月提出了一项重要的建议。该建议主张制定一个协调实用新型国内法规定及引入共同实用新型概念的规则，而此时对于部分成员国而言（如英国、瑞典、卢森堡），实用新型还是一个陌生的概念。

（5）著作权及其邻接权方面。

共同体首先实施了一项法律调整方案。该方案解决的是成员国不同的法律保护体系当中的著作权评估问题，以及不同法律体系给著作权保护带来的隐患。该法律调整方案涉及的面非常广泛，从计算机软件保护、数据库、卫星无线电、有线广播，到出租及出借权、著作权保护期限及特定的邻接权等问题，都一一做出了详细规定。通过该次协调，更高的著作权保护标准在各个成员国中得到了落实。

3. 欧盟知识产权保护执法

针对知识产权边境执法问题，欧盟制订了第1383/2003号规定，并通过第1891/2004号规定予以实施。第1891/2004号规定明确了以下问题：明确了权利所有人的定义，明确了知识产权所有权证据的定义，规定了成员国与欧委会交换信息的程序和时限等。目前，欧盟关于知识产权民事执法的2004年法令已几乎在所有成员国得到实施（瑞典和卢森堡仍在履行相关内部程序）。欧委会2006年4月提出的关于打击知识产权犯罪法令的立法建议，目前仍搁置在理事会。

欧盟积极通过单边行动、双边/地区/多边协定推动进一步打击假冒和盗版，并努力建立有效的争端解决体系。其中最重要的多边框架是WTO的TRIPs争端解决机制。为了提供更高水平的知识产权保护，2008年，欧盟与美国、日本、韩国、加拿大及其他相关国家发起《反假冒贸易协定》（ACTA）谈判，该协定包括三方面内容：①国际合作，主要是海关和执法部门间的合作；②执法实践；③法律框架。目前ACTA已完成11轮谈判，预计还会进行几轮谈判才能达成最终结果。

5.4 以色列国际科技合作和知识产权管理制度

5.4.1 以色列国际科技合作概况

1. 以色列国际科技合作现状

以色列政府除了直接开展国际领域的科技合作，还通过以科技发展需求为导向，制定政策和采取各种措施鼓励和促进产学研机构之间的国际合作。近年主要围绕国际科技重点发展领域推进科研工作，包括电子通信、生物技术、信息技术等，均是近10年国际主要发展领域。为了迎合新的市场需求，以色列同时开始布局代表未来的新技术革命领域，例如人工智能、生命科学、新能源等领域。正是以色列将市场需求永远放在第一位，才能够持续地获得国际资金和人才等资源的支持，广泛地开展国际合作。

（1）科技政策沿革。

20世纪50年代至60年代，在"科技立国"指导思想下政府直接参与为主，通过以色列的科学委员会设立了许多国家附属的研究机构和实验机构，如生物研究所和国家物理实验室等。

20世纪60年代中后期至90年代，为扩大产业界的研发活动，建立了首席科学家办公室（OCS）以提供产业指导服务，负责统筹协调各部门的科技工作，并负责管理政府的财政拨款。从1968年开始的30年里，政府为私营部门的技术研发提供的资金总额为38.6亿美元。自那以来，以色列的私营企业研发资助一直保持在较高水平，约占总研发支出的20%，是经合组织（OECD）国家平均水平的3倍。

20世纪90年代至今,以色列政策更为成熟,对科技合作机构采取全面开放的科技政策。例如以色列政府经营的高科技企业孵化器的全面私有化,以及大量国际风险资本和跨国公司和企业的引入。在此政策下,以色列在科研发展和成果转化方面的国际合作步入了新台阶。

(2)国家科技管理与决策体系。

科技领域工作在以色列全国上下处于极为重要的位置,受到各部门的重视。政府内的许多机构和部门都对其各自领域内的国际科技合作负有对应的责任,促使这些机构和部门全面地开展促进国际科技领域的合作,使以色列的科技发展紧跟国际的发展步伐。

以色列采用多头参与的科技管理体系,主要包括13个部门(科技部、工贸部、教育部、农业部、卫生部、国防部等)和高等教育委员会等相关机构等,它们共同构成了国家科技管理与决策体系,主要目的为协调全国的科技工作。除此之外,其他部门也会主动参与科技领域的国际合作,例如外交部。

(3)国际合作协议和基金。

①国际合作协议。

以色列与科技强国广泛签署科技合作协议,直接开展国际合作。外交部是国际合作协议审判和签署的主要负责部门,科技部是后续管理的负责部门。合作协议的具体合作项目的审批、资助和管理由具体执行机构负责。协议各国的国内潜在合作伙伴和对接需求,以及监督执行情况由协议各国指定的项目人员负责。

在广泛签署科技合作协议的过程中,以色列在国际科技合作领域中取得了突出成绩,已同40多个国家(包括中国)签署了科技合作协议。作为非欧洲国家,以色列是第一个参加欧盟尤里卡(EUREKA)计划和研发框架计划(FP)的欧洲之外的国家。因为这些计划,被资助公司一半左右的研发支出得以节省。在这些国际科技合作协议框架下,政府大量召开国际科技会议、举行科技展览,推进国际合作研发以及科研人员交流学习等国际科技合作项目。

②国际合作基金。

以色列政府在与科技强国签署合作协议的同时,还大量建立科技合作基金以促进国际科技合作。科技部负责管理协调大部分合作基金。以色列建立的双边合作基金可以用来获取知识与技术、分担经费与风险。通过合作伙伴的协助,该基金还能促使本国企业进入新的市场。

2. 以色列国际科技合作模式

近年来,以色列政府审时度势出台新政策、成立新机构,国家创新体系更趋成熟。政府方面，以色列政府主导技术创新的战略走向，营建科研体系，健全政策保障；企业方面，本土企业与跨国公司占据着国家创新体系的中枢地位，是技术研发的主体力量；高校方面，以色列高校及其技术转移办公室（TTO）是创新体系的辅助力量，负责人才培育与技术转移。以色列创新竞争力的强力塑造得益于"三螺旋"式的运行架构，即政府、高校、企业以技术研发为中心紧密互动，进而促成了国际科技合作的蓬勃发展。

（1）合作主体。

以色列在科技研发与成果转移、转化中进行的国际合作主体可以主要概括为政府、企业、高校三个主体。政府、企业和高校三个主体是科技创新、科技合作最为核心的主体，如官产学三螺旋理论中就提到三者的相互重要作用。这三者既有各自重要的职责和作用，同时又互相紧密联系。得益于三者"三螺旋"式的运行架构，以色列创新竞争力在全球化的时代依然得以强力塑造，其让政府、高校、企业三者围绕科技创新紧密互动，促成了科技发展和国际技术转移转化的繁荣发展。

①政府把控。

政府首先要时刻关注科技发展的战略方向，确保以色列的科技能满足国际市场的需求。其次，与全球科技发达的国家建立持续密切的合作关系，使以色列的科技与国际科技相融合。另外，争取国际上的科技投资，补充国内的科研资金。

近年以色列政府出台一系列新政策、成立新机构以应对全球经济一体化的趋势，国家科技创新体系更加成熟。其重点主导了技术创新的战略走向，营建完善的科研体系，进一步健全政策保障。

②企业中枢。

在以色列，本土公司与跨国公司企业是技术研发的主体力量，占据着国家创新体系的中枢地位。

科技企业一方面注重招揽海外优秀人才创业，建立高精尖的科技型企业，另一方面着重吸引国际跨国公司在以色列开展科研工作，从而与伊斯兰的高科技企业联合研发技术和产品，以期进一步在以色列建立研发中心。

③高校辅助。

以色列的高校是国家科技创新的辅助力量，为国家培养科创人才并辅助科创技术的转移。高校等科研机构为自己的研究人员提供充分的机会与国际相关领域顶尖科研机构及科研人才合作交流，利用国内外先进的实验设备等。例如以色列大学国际合作实践中，从事基础研究与开发工作的主体是其国内的 7 所大学，30% 的科学研究是在大学内完成的。数据显示，以色列大学具有较高的国际科研合作水平，国外提供的研究经费占全国大学全部科研经费的 16%，而全球大多数国家的此项数据不到 2%。并且以色列绝大多数科研论文（96%）在国际刊物上发表，并且与国外科学家合作并联合发表的科技论文占比 1/3。2004 年虽然诺贝尔奖得主是以色列理工学院的两名教授，但其科技成果主要是在美国完成的。这些事例充分显示以色列大学的国际科研合作模式已经发展得十分成熟。

同时，以色列大学生也是国际技术转化的主力，他们在求学期间大多参与创业的培训与实习活动。大学生在毕业前便参与企业实习或创建自己公司的比例较高，这些创业实践活动促进了高校与市场间的信息交流，引导技术研发更加满足市场需求。

以色列通过政府、学校、企业三方面相配合的国际科技合作，博得了国际市场、国际资金和国际人才的青睐，提升了科技研发与成果转化的关键要素，实现了以色列的科技繁荣和经济强盛。

（2）参与机构。

技术转移办公室（TTO）是以色列高校推动科研成果产业化的代表性机构。以色列的 6 所主要大学均设有国际技术转移公司，负责创新成果与应用技术的商业化开发，加强高校与国内外产业界的合作，致力于将技术创新转化为工业产品。国际技术转移办公室代表高校全权负责与企业进行的关于技术创新产业化的谈判。技术创新产业化以高校赋予企业技术许可的方式实现，高校通过后期的市场绩效获取相应收益，收益分配比例为研发科学家占 40%，大学占 40%，科学家所在实验室占 20%。以色列技术转移办公室依托在服务方面的独特优势：即采用数据库实现资源共享，加强推进技术资源互联互通；提供专业化服务对企业研发进行正反馈调节，从而使以色列的高校及科研院所探索出一条依托国际技术转移办公室实现学术成果产业化的创新驱动路径。

此外，以色列高校学生是国际技术转移的绝对主力，大学生求学期间普遍参与创业的培训与实践活动。相当大比例的本科生在毕业前均参与企业实习或组建自己的公司，此类实践活动有助于学生将市场信息反馈给高校，从而直接引导技术研发。

2016 年以色列成立国家创新署（Israel Innovation Authority）。国家创新署是由原以色列产业研发中心（MATIMOP）和经济部首席科学家办公室合并而成。

创新署主要作用是把政策和制度工具集中在一个"工具箱"内，核心是以任务为导向和以客户为导向，目标是为相关的国际合作和创新研发提供专业的解决方案。创新署下设多个创新部门，不同的创新部门有不同的特定目标受众，从而创新性及有针对性地按需提供解决方案。创新署下设创业支持部门、技术发展部门、技术基础设施部门、先进制造部门、国际合作部门和应对社会挑战部门等，以充分解决新时代下以色列企业的创新需要。国家创新署的成立是对国家创新体系的进一步完善，能更为有效地对接国际化发展的企业科技合作创新需求，例如高度依赖的国际市场、多方选择的技术需求、波动较大的外部融资。创业支持部门主要负责前期项目、科创技术孵化器、Tnufa 创业支持项目等。技术发展部门主要负责面向大中型企业的产业研究与开发的研发基金支持。技术基础设施部主要负责支持大研发联合体通用技术开发的磁石计划（如大学与企业联合体）和小研发联合体（如大学的一个研究机构与企业的一个研发部门联合体）的小磁石计划以及生物技术类的应用研究工业化计划（NOFAR 计划等）。

3. 以色列的国际科技合作发展趋势

位于欧亚非交汇的以色列，地处"一带一路"建设在中东地区的重要支点，创新指数居全球高位，是我国重点发展科技合作的创新型国家和应对美国加大对我国高科技产业各种制约的关键小国。目前，中国和以色列的科技合作已经进入快速推进阶段，合作深度更大，在多个领域积极开展合作。除了在农业、智能制造、水技术、生命科学等传统领域开展合作，还在新能源、军事工业、安全环保、信息通信等新领域积极探索合作。中国不仅引进以方的科学技术，还主动投资以色列的高新企业，借助以方的新技术推动中国新技术产品更新换代，增强中以双方在全球市场的影响力和竞争力。得益于中以双方互相合作推动科技外交，中以科技合作的领域增加外，也逐渐提高了合作层次。中方出资，以方出技术，双方形成了互补的优势。双方的联系增强，彼此的科技交流频率增加，给中以双方的关系打下了牢固的基础。

近几年中以科技合作在新能源领域比较关注绿色可持续发展和节能减排，积极探索可替代清洁能源的开发和利用，减少二氧化碳等碳排放。中以双方将在风能、太阳能、潮汐能等领域进一步开展合作，建设重点示范项目，致力于发展可持续的环保经济。

中国在信息技术合作方面，主要是中方公司投资以方的风投公司和初创企业，从而获得高精尖技术。目前中国企业投资时目的性很明确，会有针对性地重点投资符合自身企业特点的技术。这一现象表明中以在科技合作领域还是有较大改进空间，可以横向发展更多的途径，同时表明中国公司在借助以方领先技术时，也应该培育自主科研产品，把核心技术掌握在自己手中，提升"中国智造"的形象。

5.4.2 以色列知识产权法律制度

1. 以色列国内知识产权制度

以色列1967年制定新《专利法》，并于1995年8月修订。1972年开始实施《商标条例》，1990年制定了商标标准。工业设计方面的立法可追溯到以色列建国之前英国托管下的巴勒斯坦地区实施的《专利和设计条例》（1924年），后经修订；2007年，制定了新的《版权法》。

（1）专利。

申请人在提出申请时可以选择对其专利进行全面实质审查，或者依据在其他国家（如美国或欧盟）申请已被接受而进行简化审查。2009年，专利局为申请"绿色"专利（指有利于保护环境的专利）开通了"快车道"程序，满足条件的申请将在分类之后3个月内开始审查。2011年1月起，为加快程序，专利申请公布由书面公布改为在专利局网站上公布，且应在申请提出18个月后予以公布。

由于以色列是仿制药生产大国，其关于药品专利保护的规定受到很大关注。根据以色列现行法律，如果药品上市批准期限拖延，对该药品专利的保护期可以延长最长5年。如果存在"参考专利"（reference patent），则只有在该专利获得美国和至少一个欧盟的参考国都延长保护的情况下才能在以色列也延长保护。如果只在其中一个参考国获得了上市批准，则只要在一个参考国获得延长保护，在以色列也可以延长保护。根据2005年的新规定，参考专利保护延长期为参考国中延长期的较短者。在这种情况下，当在参考国专利保护期结束时，在以色列的保护期也结束，以制药公司就可以开始生产不再受专利保护的药品。

对于试验数据的保护，2005年通过的《药剂师条例》规定了数据专有期制度，保护保密的试验数据免遭不当商业使用。2011年，专有期被延长到从在任意参考国注册起最高6.5年。仿制药可以在专有期间申请上市批准，审查期限为12个月。因此，如果及时提出申请，仿制药在以色列可以获得5年的保护期。

（2）商标及地理标志。

根据以色列法律，只要是商标持有人同意生产的合法货物，在包装和贴标上符合要求，则该货物的平行进口不构成商标侵权。出现纠纷时，适用"先到先得"原则。以色列签署了《保护原产地名称及其国际注册里斯本协定》，对地理标志的保护力度很大。保护产品范围包括农产品、工业产品和手工制品，严格禁止模仿地理标志。出现纠纷时，适用"先到先得"原则。

（3）版权和相关权利。

2007年，以议会通过了新的《版权法》，加强了对版权和相关权利的保护，吸纳了法律和技术方面的最新情况。其一，关于版权保护例外与限制，用"合理使用"原则取代了"合理交易"原则，增加了版权使用例外的弹性。合理使用的情况包括个人学习、研究、批评、评论、新闻报道和引用等。其二，引入了关于受雇完成成果的权利归属问题。版权原则上均归作者所有。在无其他约定的情况下，雇员在工作过程中取得的成果，其版权归雇主。其三，引入了直接侵权和间接侵权问题。间接侵权包括对受保护作品复制品的商业使用。其四，关于平行进口，如果受保护产品在以色列完成，进口该作品的复制品将构成侵权。如果权利人在生产国授权生产，则不构成侵权。

2. 以色列加入的知识产权国际公约

以色列是WIPO的成员国，签署了大部分主要的知识产权国际条约，享有包括专利、外观设计、商标和版权在内的全面知识产权保护。对以色列生效的由WIPO管理的条约有《建立世界知识产权组织公约》《保护工业产权巴黎公约》《专利合作条约》《专利法条约》《保护文学和艺术作品伯尔尼公约》《保护表演者、音像制品制作者和广播组织罗马公约》《制止商品产地虚假或欺骗性标记马德里协定》《商标法条约》《商标注册用商品和服务国际分类尼斯协定》《商标国际注册马德里协定有关议定书》《保护原产地名称及其国际注册里斯本协定》《国际专利分类斯特拉斯堡协定》《保护录音制品制作者防止未经许可复制其录音制品公约》《为专利申请程序的微生物备案取得国际承认的布达佩斯条约》。此外，以色列还加入了《世界版权公约》《国际植物新品种保护联盟》、WTO框架下的《与贸易有关的知识产权协定》。以色列于2007年接受了修改TRIPs的议定书。

以色列与其他国家签订的很多双边协定也包括知识产权相关条款。如1995年与欧共体签订的《欧洲—地中海协定》、2010年与美国签订的《美国贸易代表办公室—以色列政府协定》（解决药品专利保护延展期、申请公布和数据专有期等问题）。1989年与德国签订的《知识产权领域合作协定》、1992年与欧洲自由贸易联盟签订的协定、1997年与土耳其签订的《兽药领域合作协定》，以及与美国、墨西哥和约旦签订的自由贸易协定。

3. 以色列知识产权保护执法

以色列承担知识产权保护的专门行政职能的政府机构有司法部、总检察长、国家检察官办公室、知识产权保护特别警察部门、海关总署以及税务总署。可以看出，以色列司法部是以色列知识产权行政保护的主要主管机关。以色列司法部的主要职能：①关注知识产权立法和执法动态，提出知识产权法律的修改案；②负责组建和运作知识产权保护部长级特别委员会，该委员会由司法部长负责，成员由财务部、贸易工业部、国土安全部、社会事业部、科技部、移民部和旅游部等部门组成；③负责"专利、设计和商标办公室"的机构重组和现代化工作；④组织、推动专业人员和公众对知识产权保护法律意识的宣传、普及、教育、培训工作。

与其他国家不同，以色列政府部门里没有设置专门的知识产权（或专利）局，国家对知识产权行使保护与审批管理职责的部门，是司法部下属的"专利、设计和商标办公室"，其职能相当于我国的知识产权局。

以色列还设立了一个专门负责执法的协调机构，其成员来自各知识产权行政执法部门。这一协调机构隶属于国家检察官办公室，其主要职能包括：①协调政府部门的知识产权执法；②制定知识产权执法政策；③建立同知识产权权利人的联络机制；④制定知识产权诉讼程序规则；⑤制定执法部门知识产权保护执法协作的规则和指导；⑥对执法工作进行评估和总结。

4. 以色列科技成果知识产权管理

1）以色列产业研发促进法概述

1985年，以色列颁布实施了《产业研发促进法》，该法案将创新政策的制定、实施与协调等各项权力集中授予首席科学家办公室（office of the chief scientist，OCS），以法律的形式明确界定了政府支持产业创新政策的原则、目标和实施细则，提出了政府支持创新的基准原则"中立"，即无论企业规模大小、无论私营企业或者国有企业，只要符合"以科学为基础的出口导向型"的产业导向，均可申请政府的研发支持基金。

以色列产业研究促进法共分为八章：

第一章"总则"，阐明其法律目标，取得目标的方式和执行机构。

第二章"相关概念界定"，对该法律中所提科技计划、产品、新产品、研究开发等涉及概念进行界定。特别值得一提的是，阐明概念"附加值百分比"（percentage of the added value），是指进口成本与出厂价的比值。表示在另一个特定国家进行生产制造的成本总量，即从这一特定国家进口所花费的较低的进口成本与产品的出厂价之间的比率。这个概念非常重要，为便于理解，以一个案例说明，中国某公司若在以色列生产一件产品，其为该产品支付的进口成本为36元人民币，而该产品在以色列的出厂价为20元人民币，则附加值百分比为36元/20元人民币。这一指标是专家委员会评判项目能否获得支持的重要指标之一。

第三章"产业研究及发展机构"，对组织机构的建立、管理、机构负责人/主席及职能、研究委员会组成、职能及任期终止进行阐述。

特别值得一提的是，研究委员会由9人组成，机构主席、副主席由工业贸易部部长在工业贸易部中任命2名代表，必须有和委员会工作领域相关的学术学位；财政部部长从财政部中任命2名代表；产业界2名代表，其中一名应具备自然科学与技术领域知识；1名公众代表，非公务员，至少有10年的商业或工业管理经验。

研究委员会一届任期不超过3年，其聘任期届满可连任，但公众代表的委员在任期满后不再连任。

第四章"批准和上诉"，阐明申报项目计划要求、批准立项程序、计划变动程序、以色列生产和国外生产转移、国外专有技术转移等规定。

第五章"权益"，获得立项的资助规定，资助经费额度可以是研发费用的20%、30%、40%或50%。

第六章"创新技术基金"，明确基金的建立、收入、使用及管理。

第七章"产业研发的国际合作"，对跨国合作的技术研发进行规定。

第八章"一般规定"，规定了中止与撤销、虚假申报的撤销、经费返还等情况。这里和我国通常执行的项目经费资助体制不同，中国国家或地市科技计划项目一般不需要经费返还。而以色列经费中规定经费将以有条件补助的方式划拨给项目征集中被选中的项目；当合作项目产生产品、服务或工艺等销售收入时，根据相关规定，以色列企业需向以色列首席科学家办公室返还项目支持经费。

2）以色列产业研究促进法知识产权条款及其演进

（1）以色列产业研究促进法中知识产权条款规定。

①申报项目。

- 提交项目申请书。

在申报项目时，申请者需要向研究委员会提交详细的申报执行计划、所需投资和融资来源的细节，总结现有技术诀窍和获得的可能性、产品的新颖性阐述、超越其他产品的优点，如何得到预期的研究结果，产品的生产方式。

必须提交一份声明，包括关于产品在以色列国内和国外的生产地点和制造流程，如果产品生产安排在国外，必须阐述在国外生产的必要性；附加值百分比的说明。含有专有技术权利人有关的细节，生产或营销产品的可能性和在以色列生产的安排。

- 申报计划的批准立项。

对于产品不在以色列生产或不由以色列工人生产的必须给出解释理由，获得研究委员会的同意并记录在案。

在评估立项和确定项目支持经费比例时，研究委员会将对方案中生产地点和附加值比率的声明做重要考量。

②项目实施。

根据获批计划书，除了已在该计划框架内开发的产品，研究开发的专有技术将不得转移到以色列以外的国家，第19B条（见下文国外专有技术转移条款）规定的内容例外。

- 以色列制造和国外制造转移。

立项人确保获批计划中研究开发的产品在以色列生产的比例不得低于申报计划中关于生产位置和附加值比率声明中的规定。

尽管为完成法律目标有以上规定，研究委员会对申请人提出在计划执行过程中或结束后对项目框架内的产品生产或生产权向国外转移超过最初附加值声明的比例的请求，在以下情况下予以记录、批准。

第一，获批人承担由于生产转移而产生的专利权税（版权税、专利使用费）。

第二，为防止申请转让产品的相似产品或更高技术水平的产品生产或生产权转移到国外，在可促进就业和创造就业机会的条件下，技术可在以色列境内进行转移（本段称为替代品）。当生产和生产权向以色列转移而影响产生的附加值比例和全球市场的营销程度不低于申报方案中生产和生产权的比例，技术可以被转移至国外。根据本段规定，只有申报人在存款银行进行规定金额的担保，以确保替代品生产的情况下，研究委员会方能批准申报方案中的技术转移。

第三，尽管有以上条款的论述，连同项目申请人先前的技术转移累计而造成在以色列的生产比例下降不得超过10%，当申请人在进行转让之前已向研究委员会发出书面通知，在30天内未获得否决申请回复的条件下，技术转移申请将不再需要获得研究委员会的批准。

- 国外专有技术转移19B条款。

第一，如果申请者只是出售专有技术——获批的申请者将支付规定基本数额的现金。在本款中,"基本数额"不低于该等项目支持经费的累计和年利息总额,计算方法是根据本法所接收的总支持经费和投资于执行该计划的总投资额之间的比例,乘以该专有技术的销售价格。

第二,如果立项人将申报的销售范围内的专有技术转移到国外,由此立项人将不再视为是在以色列注册成立的公司,立项人将需要支付"基本数额"的现金,在本款中,基本数额不低于为该等项目支持经费和年度利息的总和。"基本数额"的计算方法是指根据本法所接收的总支持经费和投资于其所规定的财政资产的总投资额减去由财政部长认定的金融资产之间的比例,再乘以该项批准的销售价格。

第三,如果申请人将专有技术转移到国外的目的是将替代专有技术转移至以色列,在研究委员会批准的前提下,需要考虑技术转让的类型及其技术老化程度,转移到国外技术发展产出成果的持续时间直至申请转让之日支付的特许权使用费等因素后,替代技术转移到以色列比技术转移到国外能获得显著更多的盈余收益,研究委员会将原因记录在案,批准该项技术转移,申请立项人不会因此项技术转移支付费用。如果研究委员会批准此类技术转移,立项书应相应修改,将替代技术作为内容之一。为了法律目标的实现,修改后的申报书应当视为原始版本的立项书。本条款同样适用于使用技术秘密与已获得许可的海外接受方进行合作,用以交换对方使用其技术秘密与自己进行合作的情况。

第四,如果购买方的专有技术已经向立项人授予独家、以不可撤销的许可证的方式授予不限时间、地点的许可证,可以充分使用相同的和由此产生所有的权利。研究委员会将特定原因记录在案,将不收取任何费用批准转让的技术。

根据19B条款支付的款项将用于促进产业研究和发展。19B条款明确规定了政府资助项目中发生技术转移可能出现的几种情况。我们可以看到其规定都是为了满足促进法的目标,即鼓励产业研发由此促进以色列就业,通过科技密集型产品的制造和出口,改善国家收支状况。

③关于资助经费的规定。

项目经费的资助比例为研发费用的20%、30%、40%和50%;研究委员会将重点考量申报计划中关于计划在以色列生产比例的方案,由此决定研发补助金比例。

④产业研发项目国际合作适用性。

关于技术转移的规定条款适用于遵循研究委员会所规定的规则批准及在以色列已参与的工业研究和开发的国际合作协议规定下执行的立项项目。

⑤惩处规定。

在未经研究委员会的授权或违反条件获得授权的情况下，以作为或不作为将立项书中专有技术内容转移到以色列国外或让技术转移成为可能；及从由上述原因使用了被开发的技术中的知识产权，应当承担3年有期徒刑。该条是产业研究促进法中唯一涉及犯罪问题的条款，它特别强调了未经授权私自转移获得资助项目中技术的刑事责任追究，显示了对知识产权保护的重视。

（2）以色列产业研究促进法知识条款的演进。

为促进高科技企业在以色列国内创业和投资经营，以色列政府对产业研究促进法进行修订。政府采取的措施目的之一是抑制向国外公司的技术转移和商品生产，减少公司终止在以色列运营的情况。因此，在2011年修订的产业研究促进法中，对获得政府经费资助的企业向以色列国外进行技术转移需返还资助金额的条款做了修改。

然而上述修订并未对归还科学家首席办公室资助金额进行限制，这将为投资者带来很多不确定性。以色列议会财政委员会在2012年5月14日制定了最大限额，解决了不确定性。这稳定了由首席科学家办公室资助的企业和一些在本地市场经营的国外投资者。

在法案修正前，产业研究促进法已经规定了首席科学家资助的企业在发生向以色列国外技术转移及终止在以色列运营情况下需要返回资助的条款（该款项被标识为"基本数额"）。然而，2011年的修订显著增加了因技术转移缴纳的基本金额，首席科学家并没有做上限规定（表5-1）。

表5-1 以色列产业研究促进法修订法案对比

	修订前	修订后
基本额	（在加上每年利息、基本额不低于拨款总额的条件下）基本额等于企业收到的拨款额乘以出售价格	基本额等于企业收到的资助金额除以由首席科学家批准的企业研发费用额，再乘以出售价格
折旧率	扣除特许权使用费后，计划执行期满10年，直至基本金额减少至资助金额	计划执行期满10年，直至数额等于扣除特许权使用费的基本金额和企业资助金额的差
返还的最高金额	不设上限	财务委员会根据企业的出售价格设置最高额

以色列高新技术产业对国际投资者有很大吸引力，为便于理解，下面以一

个案例说明修订带来的影响。

一家企业收到首席科学家办公室资助项目金额 200 万,该公司自有投资额为 800 万,其研发费用为 400 万,两年后企业终止在以色列的运营,并以 8 000 万的金额出售。按照 2011 年的法律,基本金额 =(资助金额÷研发金额)×出售价格,即 8000×(200÷400)= 4000(万)。

由于在首席科学家资助的公司中,因此基本费用额度通常显著低于投资额度,这就说明用此方法计算基本额,基本额将主要取决于首席科学家办公室的资助。另外,直到由财务委员会设定的最高额度之前,上述修正会造成企业申报首席科学家项目经费的不确定性。

如果是类似过去几年出现经济危机的情况下,企业也必须支付款项。

因此,为了产业发展的确定性,同时在促进以色列国创新研发的国家利益和需要在全球市场经营的企业利益间取得平衡,以色列政府最终决定如果向以色列国外发生技术转移和在以色列国内终止运营的情况下,为企业归还首席科学家办公室资助经费设定一个最高金额。

2012 年 5 月 14 日,如向以色列国外发生技术转移,但仍保持在以色列国内的研发,以色列议会财政委员会设定的最大金额是该公司须支付获取项目资助的 3 倍的数额归还给首席科学家办公室。

继续上述的例子说明,在设定了最高限额的情况下,企业需支付的金额为(资助金额×3 倍)×(资助金额÷研发金额)=(200×3)×(200÷400)= 1200(万)。即企业需支付 1 200 万,而非 4 000 万。

新修订的法律条款以及财政委员会制订最高金额设置的限制,是促进以色列高科技产业的发展,并成功地处理全球经济危机的重要一步。法律的修改是以色列国内进行研发的机构和有兴趣进入国际市场的机构和投资者之间的利益关系的权衡结果。

5.5 日本国际科技合作和知识产权管理制度

5.5.1 日本国际科技合作概况

1. 日本国际科技合作现状

日本国际科技合作的目的是服务日本经济发展和科技进步的需要,补充日本国内的科学技术、研究人才、科研资源等不足。核心特点是以日本自我为主,有针对性地开展合作工作。因此在寻找合作对象时，比较注重合作对象的科研创新能力，会着重共建长期稳定的合作关系。

（1）政策支持。

日本的国际合作起步于20世纪80年代，当时提出了技术立国的战略。而后提出超导材料研发计划、第五代计算机研究计划等项目后，日本意识到必须要借助国际研究人员参与合作，但当时的国际合作水平限制了他们的合作。1986年日本推行了《促进研究人员交流法》，1987年建立了促进科学技术发展特别协调基金，自此，国际科研交流合作活动取得极大进步。出国进行研究与交流的科研人员数量稳步提升，并且来日本参与研究和交流的人数也大幅增长。20世纪90年代之后，国际科技合作上升为日本的一项基本政策，国际科技合作事项被加入到新制定的科技政策中。1992年，在日本面向21世纪的大纲中，也提出日本上下要为全球人类和社会做出贡献，把解决地球环境、食品、能源等领域的全球性问题作为科技政策的一大目标，把加强国际科技互动交流列为关键性举措。1994年，日本科学技术会议提出科技振兴的重点方针是培育研究人才、开展基础科学研究、加强国际科技合作。1995年，日本政府的国际科技政策基本方针被提及，即展望21世纪日本科技政策。日本第一期科学技术基本计划于1996年开始启动实施，其建立了相对完善的国际科技合作制度体系。从第一期开始，各期的科学研究计划强化了国际科技研究合作交流。到2017年的第五期科学计划，两大重要课题为"为世界发展作贡献和应对全球性课题"。

（2）机构改革。

2001年，日本进行了中央机构改革，建立了日本文部科学省和综合科学技术会议两大科技管理机构，主要职能是培养研究人员、管理科研经费和开展知识产权保护。

（3）创新路径。

日本作为世界上最成功运用国际科技合作进行国际技术转移，实现经济复苏和产业结构调整的国家之一，在"国家+商社"合作行动的技术转移模式之下，日本企业采取了独特的技术创新路径：引进→消化吸收→创新→输出。即把引进的国外先进产品进行解剖分析，通过反向工程学习国际先进技术，并通过模仿创新，最终实现自主创新。

2. 日本国际科技合作模式

（1）合作主体。

日本向来十分重视与科技强国的多边科技合作，例如长期与法国、美国、德国、加拿大等国开展科技合作。另外,其近年来开始重视与亚洲各国的一些科技合作。针对不同的领域和国家,采取差异化的科技政策,制定多层次的国际科技合作战略,包括互补型、援助型、竞争型等合作方式。竞争型合作一般是对科技强国如欧美等国,往往存在竞争关系,但又需要在前沿尖端科技、产业发展等领域双方开展合作,此时需要注意协调两者间的竞争关系与合作关系,既有竞争又有合作共赢;互补型合作,一般是以有丰富研究经验的国家为主,主要是针对全球人类、地球环境、传染病等世界性或区域性共同课题,与合作对象在研究领域、科研资源、研发能力等方面互补,建立互利互惠的科研合作关系;援助型合作,一般是对发展中国家而言,以援助为目的利用日本的科研优势领域在发展中国家通过技术援助,进一步丰富本国科研领域,从而构建长远合作关系。

(2)合作计划。

通常情况下日本科技计划不允许本国以外的研究人员和研究机构申请,但是在日本工作的外国人可申请该计划。虽然日本科技计划对外不开放,但是国外机构和研究人员可以通过参与各科技部门的国际科技合作项目参与到科技计划当中。日本目前已经与45个国家和两个国际组织的93个科研机构开展了国际研发合作。主要的国际合作计划有建立教育研究中心计划、与国外科研合作促进机构合作计划、与亚非国家的合作交流计划、邀请国外科研人员到日本计划、年轻科研人员的国际交流计划。日本科技振兴机构作为日本科技管理机构,管理着日本基本研究资助资金,执行着国家科技基本计划。日本振兴机构基于各政府间的科技合作协议,针对不同的对象,设立不同的科技合作计划,如战略国际合作研究计划主要面对发达国家或地区;可持续发展科研合作计划面向发展中国家;电子—东亚科技创新区联合研究计划面向东亚地区国家,以及亚洲科技门户计划等。

(3)合作亮点。

日本在国际科技合作中着重培养人才,主要包括三个方面支持机制。一是综合国际研究合作系统,包括人员交换和联合合作两方面,人员交换是培育和形成联合研究项目的国际科研人员交换,联合合作是支持双边或多边联合研究项目的合作。二是科研人员交流计划,包括日本科学促进会,科技厅和工业科学技术厅等科技人员的交流计划。三是国际科技合作计划,包括海外科研奖学金、国际科研合作计划、支持国外科研人员计划和合作科研奖学金,通过人才激励开展国际科研合作。

日本学术振兴机构,针对申请人是否为在日专职科研人员给予不同的资助额度,对不同的科技领域设立"科学研究补助金"。对于高校的科研人员,设立了"特别研究员经费",日本国内外研究人员均被包括在内,获选者可拿到为期3年的资助。而"日本学术振兴会奖",设立于2004年日本学术振兴机构,主要用以表彰和奖励的对象为各领域优秀的外国青年科研人员,主要为在日本大学、科研机构工作5年以上,并且将继续在日本从事科学研究的外国人员。日本理化学研究所设立IPA制度（international program for associate）,目的是培养年轻研究人员和专家,并促进各高校间的合作,吸引全球国际留学生在日本理化研究所从事1～3年的科学研究,并且为其提供科研经费、生活费（15万日元/月）和住宿（免费）。

（4）参与机构。

作为日本资助科研的核心机构之一,日本科学技术振兴机构（Japan science and technology agency, JST）是依据《国立研究开发法人技术振兴机构法》而成立的国立研究开发法人单位,隶属于日本文部科学省。其前身是日本科学技术振兴事业团。作为实施"日本科学技术基本计划"的核心机构,JST担负着"科学技术创造立国"的重任。JST在全面推动作为创新源泉的知识创造到利用研究成果报效社会和国民的同时,提供保障这些工作顺利实施所需的科学技术信息以及增进国民对科学技术的了解,并开展战略性国际合作（图5-1）。

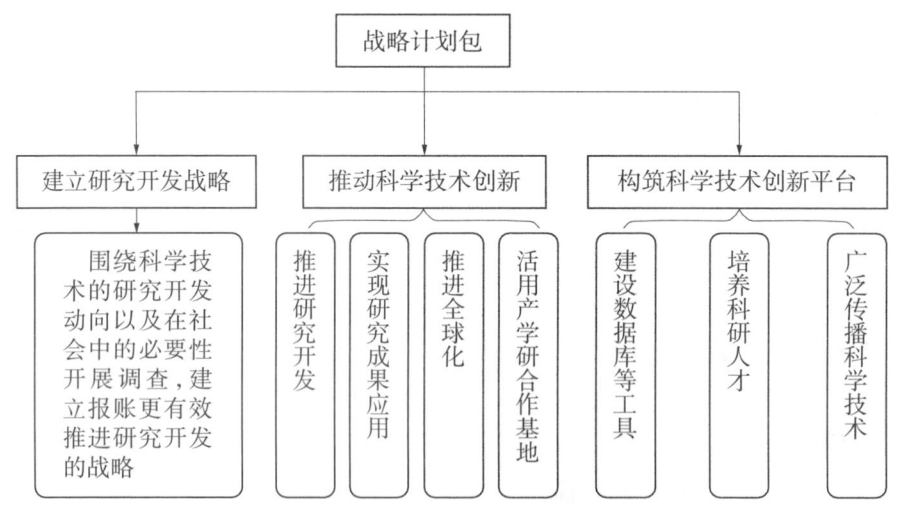

图5-1 日本科学技术振兴机构JST主要业务

目前正在实施的有5项主要工作:①旨在创造新技术的基础研究,包括战略性创造研究推进事业、社会技术研究开发中心（RISTEX）、研究开发战略中心（CRDS）、低碳社会战略中心（LCS）和生物科学数据中心（NBDC）；②新技术的产业化开发，包括知识产权活用支援事业和研究成果展开事业；③促进科学技术信息的流通，包括科学技术综合链接中心（J-GLOBAL）、科学技术信息发布与流通综合系统（J-STAGE）和研究人才数据库（JREC-IN）；④国际科学技术研究合作的推进与支援，包括国际科学技术共同研究推进事业（战略性国际共同研究项目（SICORP））和国际科学技术共同研究推进事业（全球性课题应对国际科学技术合作项目（SATREPS））；⑤科学交流的推进，包括有关科学技术学习的支援、日本科学未来馆和科学广场（science agora）。

日本中小企业基盘整备机构（SME support Japan）是日本的中小企业厅下属单位，是日本中央政府管理中小企业的最高专门行政机构，负责制定面向全国的中小企业政策，旨在帮助中小企业获得更多资金支持，以及提供管理经营支持。

日本中小企业基盘整备机构作为日本中小企业及区域创新服务机构，通过与当地市役所、政府机关、金融及研究机构以及其他支持机构合作，为日本中小企业提供多样化支持以促进其发展，并根据中小企业自身需求为其提供广泛和实用的定制化服务，在综合实施日本中小企业政策方面起到了核心的作用。

日本中小企业基盘整备机构在日本设有9个地方支部和9个中小企业培训机构，雇员数量约为800人，拥有注册专家4000人，资产达到1.1万亿日元。作为日本中小企业政策的实施机构，日本中小企业基盘整备机构的主要工作是支持创业和新视野的拓展，支持企业成长和发展，对地方中小企业创新及中介服务活动提供支持（图5-2）。

3. 日本的国际科技合作发展趋势

长期以来，日本建立了完整的科技计划体系，制定了国际科技合作政策，引导科研资助机构组织实施科技计划，以谋求科技领域的国际话语权。日本借鉴美国国际科技合作的成功经验，与众多国家或地区签订了双边科技合作协定，相继发布和参与了一系列国际科技合作政策和研究开发计划，既有解决全球共同问题的重大计划，也有面向前沿技术攻关的重大项目。同时，形成了一系列鼓励创新、保护知识产权的法律体系，并经过发展逐渐得以完善。

（1）优化国际科技合作战略。

未来，日本将继续推动国际科技合作的顶层设计，遵循各国政府间的合作框架协议，制定科技合作政策和协同推进机制。开展国际科技合作的重点领域研究，制定以需求为导向的合作战略，增强国际科技合作的目的性和针对性。

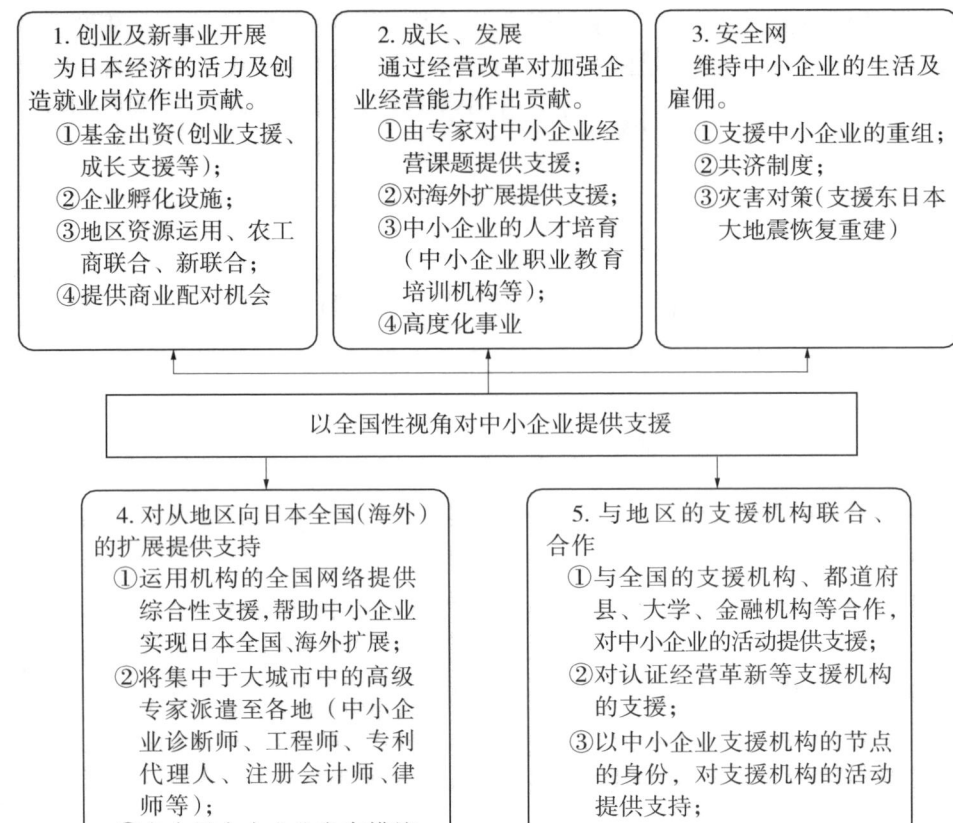

图 5-2 日本中小企业基盘整备机构主要业务

日本将依托《加强科学技术外交战略》，构建科研技术外交框架，在科研技术外交中实现日本本国与他国的互利互惠，将科研技术和外交联合管理以应对全球性问题，加强外交在科学技术合作中的支持力度，提高日本在全球的科技地位。

（2）增强与发展中国家合作。

日本将增强与发展中国家，尤其是中国的科研合作，寻求解决世界性课题的高效途径。主要通过施行科研合作项目，进行科技转化验证，分享部分科研成果。在应对世界性课题方面，主动推进与发展中国家的国际研究合作，构建日本与发展中国家的研究合作框架。同时，日本将主动施行发展中国家人才培养项目计划，构建多方人才网络，促进双方国家科研人才的开发利用。

（3）抢抓关键核心领域。

为抓住第四次产业科技革命带来的机遇，日本政府制定了《超智能社会

5.0》发展战略,将科技创新特别是数字技术创新作为带动经济社会可持续发展的重要引擎。未来,日本将依托擅长的前沿高科技领域,展开与其他国家的科技合作,推进日本与发展中国家或发达国家的多边和双边国际合作计划,进一步推进前沿科学基础建设,推广科研成果,分享科技带来的经济效益。

(4) 推进日本外交建设。

借助科学技术,推进日本外交建设,例如对外国援助前沿的科学技术成果。一方面,日本在科学技术领域一直走在世界前沿,是当之无愧的科技强国。另一方面通过科技外交和对外援助机会,向世界展示了日本在能源技术、环境保护等方面的成绩。通过培训国际型研究人才和促进科技交流以及建立世界和亚洲共享的科研数据库以加强世界各国之间的科技合作,推进全球国际合作和科学技术研发的标准化。

5.5.2 日本知识产权法律制度

1. 日本国内知识产权法律制度

从19世纪末开始,日本建立了较完整的保护知识产权法律体系和管理机构,逐渐形成了一套较为完善的保护知识产权制度。日本1985年制定了现行的工业产权法,包括《专利法》《实用新型法》《外观设计法和商标法》,1970年颁发了现行的《著作权法》。此外,知识产权方面的法律还有不正当竞争防止法和对植物新品种进行保护的种苗法。日本政府采取了一系列政策强化知识产权的保护,其中包括快速准确地审查和认定专利申请、建立专利法庭、强化反假冒和盗版的措施、促进知识产权产权体系的国际合作和协调、加强对商业秘密的保护、开展知识产权新领域的保护等等。

《专利法》规定专利保护期原则上从注册之日起20年。因药品审查等原因,专利发明实施期限被缩短情况下,最多可延长5年保护期。《实用新型法》规定实用新型权保护期为10年。《商标法》规定商标保护期为10年,在有效期内可多次更新。《外观设计法和商会法》规定外观设计有效保护期为20年,在保护期间为维护注册须每年缴纳注册费。20年后权利消失,但仍受到反不正当竞争法的保护。《著作权法》规定著作权在著作人死亡或第一次出版之日起50年内受到保护,电影著作权在公布后70年内受到保护。

2. 日本加入的知识产权国际公约

日本是WIPO的成员国,签署了大部分主要的知识产权国际条约,享有包括专利、外观设计、商标和版权在内的全面知识产权保护。对日本生效的由WIPO

管理的条约有《建立世界知识产权组织公约》《保护工业产权巴黎公约》《专利合作条约》《专利法条约》《保护文学和艺术作品伯尔尼公约》《保护表演者、音像制品制作者和广播组织罗马公约》《商标法条约》《商标注册用商品和服务国际分类尼斯协定》《商标国际注册马德里协定有关议定书》《国际专利分类斯特拉斯堡协定》《保护录音制品制作者防止未经许可复制其录音制品公约》《为专利申请程序的微生物备案取得国际承认的布达佩斯条约》《工业品外观设计国际注册海牙协定》《建立工业品外观设计国际分类洛迦诺协定》《视听表演北京条约》《WIPO表演和录音制品条约》《商标法新加坡条约》。此外，日本还加入了《世界版权公约》《国际植物新品种保护联盟》、WTO框架下的《与贸易有关的知识产权协定》。

3. 日本的知识产权保护执法

日本知识产权执法由司法机关负主要责任。对于大量的知识产权民事侵权纠纷，由当事人向法院提起诉讼，通过司法程序予以解决，实现对侵权的救济。而对于知识产权违法犯罪行为，法律将其列入严重犯罪的种类，由警察侦查，检察院提起公诉，法院审判定罪量刑。日本对假冒商标的行为规定了刑事责任，根据日本《商标法》第36～38条规定，侵权人不仅要负民事赔偿责任，还可能因为构成犯罪而判刑：侵犯商标权的，处5年以下徒刑或50万日元以下的罚金；犯欺诈行为罪或虚假标识罪的处3年以下徒刑或20万日元以下罚金。对于侵犯著作权的犯罪行为规定了诈称作者姓名罪、不注明出处罪等罪名，最高可处3年徒刑和罚金30万日元。对侵犯专利权或独占许可权的犯罪行为，规定以侵害罪和欺诈罪入刑，分别处以5年以下徒刑或50万日元以下罚金、3年以下徒刑或20万日元以下罚金。与侵犯专利相关的犯罪还包括伪证罪和泄密罪，分别处于3个月以上10年以下徒刑、1年以下徒刑或5万日元以下罚金。为了强化知识产权司法力量，日本还在法院系统中成立专门的知识产权法院（庭），配备专业法官，保证知识产权违法犯罪行为得到及时有力的惩罚。

6 国际科技合作知识产权保护协议

6.1 国际科技合作知识产权的合同保护

如前所述，由于知识产权是私有财产权，因此在个案层面上，知识产权的国际保护必须通过国际合同签订和执行得以实现。国际科技合同是指两个或多个国家的法人和公民之间，为合作进行科学研究、技术开发等科技活动而签订的确定各方权利义务关系的契约。在国际科技合作过程中，为了维护知识产权人及国家利益，当事各方在签订国际科技合同的基础上还需要签订知识产权保护合同，或者至少在国际科技合同中包含明确详尽的知识产权保护条款。

知识产权保护合同（条款）的签订，一是要体现当事人意思自治原则，知识产权是私有财产权，知识产权的处分从根本上必须按照所有权人的意愿。二是必须遵循合法原则，合同不能违反国家法律法规，不能违反国家科技政策，否则就是无效合同，不能得到相关国家的法律保护。合法原则与意思自治原则是并行不悖的，在合法的前提下保证当事人意思自治，当事人意思自治只有合法才能受到法律保护。三是必须遵循平等自愿、协商一致原则，合同各方当事人在订立合同过程中法律地位平等，通过充分协商，立足有利于科技进步，有利于科技成果转化、应用和推广，实现互利共赢。

6.2 国际科技合作知识产权保护协议主要内容

国际科技合作知识产权协议一般包括合同序文条款、核心内容条款和一般法律条款。

序文条款包括：①合同名称：确切反映合同标的、性质和内容；②合同编号；③当事人名称及法律地位；④当事人法定地址；⑤签订日期和地点；⑥鉴于条款：说明当事人签订合同的愿望、目的和合同的基本原则，以及当事人拥有背景知识产权的合法性等；⑦定义：对于合同中关键词语含义的一致意见，如学术公开、既有成果、保密信息、关键人员、良好资料管理、技术诀窍、项目成果等。

核心内容条款包括：①技术项目及当事人义务：准确界定合作研发的项目以及各方提供的背景知识和承担的研发义务；②付款及外部经费要求（或有）；③项目成果的所有权和开发应用：规定合作项目成果的分享和成果的应用，明确为商业目的应用项目成果而使用其他当事人背景知识的权利义务；④学术使用及公开；⑤保密规定；⑥项目成果收益分配；⑦制止第三方侵权协作；⑧后续成果的权利义务约定等。

一般法律条款包括：①保证与索赔；②争议解决与法律适用；③不可抗力与免责；④生效条款；⑤合同有效期；⑥合同终止；⑦合同文本及签字；⑧合同附件等。

6.3 签订国际科技合作知识产权保护协议（条款）应注意的问题

6.3.1 明确区分既有成果和项目成果

1. 既有成果（背景知识）

既有成果是指项目参与者在签订合作协议之前已经占有，并且在实施研究项目或使用项目成果所必需的智慧成果与信息（包括发明与数据库等）。这里所强调的是项目参与者已占有而非所有，这就意味着既有成果的范围同时包括参与者所获得的对于智慧成果的使用权如许可授权，而不仅局限于对智慧成果的所有权。

2. 项目成果（前景知识）

项目成果是指基于某特定合作项目所产生的包括信息、资料和知识内在的一切智力成果，并不以其是否为目前法律所保护为判断依据。项目成果不仅包括传统意义上的知识产权以及类似知识产权方式所保护的智力成果，还包括目前尚未被以任何法律形式所保护的新型智力成果，如保密材料、档案的知识权利等。

6.3.2　既有成果授权的几点考虑

（1）仅出于完成合作项目的需要授权其他当事人使用自己的既有成果。
（2）以满足合作项目需要为限度，尽量减少授权的范围。
（3）是现有的既有成果还是包括未来或有的知识产权？
（4）是否包括下属机构拥有的知识产权？
（5）为相关的既有成果建立档案并适时更新。

6.3.3　项目成果处置

首先要考虑项目成果能否申请专利、登记版权、外观设计或者仅是技术诀窍，要根据项目成果的内容和形式确定恰当的知识产权保护方式。

项目成果所有权分配有几种选择方案，分别是共有、开发方拥有，以及既有成果最接近方拥有等，要根据项目实际情况商定合适的成果所有权分配方式。签订合作协议前要讨论确定使用项目成果的权利究竟是在合作协议中明确还是另外签订独立商业化合同；许可当事人使用项目成果是非排他许可、排他许可还是独占许可；在应用项目成果时使用他方的背景知识应如何合理补偿他方利益；另外还必须规定项目成果使用范围和使用地域等。

6.3.4　后续成果问题

后续成果是合作项目结束后，一方当事人利用合作成果开展进一步研究而取得的新的成果。对于后续成果，要考虑合作对方授权行为是否受其国家技术出口法律管制，是不是禁止或限制出口。另外，在签订合作协议时最好设定补偿后续成果的机制，如支付预先约定的许可费、分享使用权、交叉许可等。

6.3.5　合作项目管理

合作项目管理包括以下几个方面：
（1）精确界定研发项目范围。
（2）如果经费是按进度支付的，要尽可能设定衡量项目进度的里程碑。
（3）最好包含决定项目是否继续的决策关键点。
（4）考虑允许当事人使用合作的任何工作成果，以便项目研究在合作关系无法继续时可以另找出路。
（5）健全的保密规定。

（6）成立项目决策委员会。

6.3.6 法律适用问题

由于国际科技合作协议涉及不同国家的当事人，因此合同的成立和解释受哪一个国家的法律约束，就必须确定合同的法律适用问题。确定国际科技合作协议适用法律的原则有以下三点。

（1）当事人意思自治原则。合同当事人可以协商选择合同适用法律，但要符合当事人国家的国内法和政策对于法律适用选择自由的限制（如果存在这种限制的话）。

（2）最密切联系原则。如果合同当事人未在合同中规定适用法律时，受理法院可以确定与合同有最密切联系国家的法律，作为合同的适用法律。

（3）适用仲裁地法律。如果合同中只有仲裁条款而无法律适用条款，同时又难以推定适用法律，则有关仲裁机构或法院就可以推定合同适用仲裁地法律。

6.4 不同类型知识产权协议（条款）参考文本

6.4.1 英国兰伯特各种知识产权条款范本

英国兰伯特提供了签订国际科技合作协议中知识产权条款的参考文本。它以英国为例调研了各种类型合作模式70种，选了57种分析研究，最后归纳出协议范本，属于一方对一方合作情况有5种，属于多方协议情况有4种。

1. 一方对一方合作情况

（1）研究机构掌握知识产权，授予赞助方非排他许可，可在本领域内任意使用。

协作研究协议范本 1

4. 知识产权的使用和利用

4.1 本协议不影响任何背景知识产权或者其他非成果的技术、设计、作品、发明、软件、数据、技巧、专有知识或者材料中的任何知识产权的所有权。上述各项中的知识产权仍归项目贡献方（或者项目许可授予方）所有。除非本协议中明确授予权利，否则本协议没有授予或暗示任何知识产权的使用许可。

4.2 协议各方向对方授予免使用费的非排他许可来使用背景知识产权，但只能以项目开展为目的，不得用于其他目的。协议任何一方都不能授予使用对方背景知识产权的分许可，但是赞助方可能允许其集团公司、为赞助方或者任何集团公司工作的人，或者代表赞助方或者任何集团公司的人，以项目开展为目的使用大学的背景知识产权。

4.3 大学将拥有成果中的知识产权，可能随时自己决定采取步骤并且自行承担费用来注册并保持对此知识产权的保护，包括提出并且争取任何成果的专利申请。当第三方，比如学生或者合同承包方参与项目，大学或者接触合同承包方的一方（如果存在这种情况）将确保学生和合同承包方转让他们可能在成果中获得的任何知识产权，以使条款4生效。赞助方将确保其参与成果创造的员工给予大学协助，支持大学在注册和保护成果中知识产权的合理要求，包括提交并且争取任何成果的专利，以及对此知识产权的任何指称的或者实际的侵权采取任何行动。

4.4 ［大学］［协议各方］在确认其认为可申请专利的成果后，将及时告知［赞助方］［对方］，并向［赞助方］［对方］提供该项成果的副本。大学也将根据条款2.4的规定，在报告中把其他成果告知赞助方。

4.5 大学向赞助方授予非排他、无限的、完全付清、无使用费的许可（同时赞助方有权向任何集团公司，以及为赞助方或者任何集团公司工作的人或者代表赞助方或者任何集团公司的人授予分许可，但只能出于开展项目的目的，其他情况下没有授予分许可的权力），以在区域中的领域内以任何目的使用任何成果中的知识产权。

（2）研究机构掌握知识产权，可协商授予赞助方排他性许可。

协作研究协议范本2

4. 知识产权的使用和利用

4.1 本协议不影响任何背景知识产权或者其他非成果的技术、设计、作品、发明、软件、数据、技巧、专有知识或者材料中的任何知识产权的所有权。上述各项中的知识产权仍归项目贡献方（或者项目许可授予方）所有。除非本协议中明确授予权利，否则本协议没有授予或暗示任何知识产权的使用许可。

4.2 协议各方向对方授予免使用费的非排他许可来使用背景知识产权，但只能以项目开展为目的，不得用于其他目的。协议任何一方都不能授予使用对方背景知识产权的分许可，但是赞助方可能允许其集团公司、为赞助方或者任何集团公司工作的人，或者代表赞助方或者任何集团公司的人，以项目开展为目的使用大学的背景知识产权。

4.3 大学在遵守条款4.6.4的前提下，将拥有成果的知识产权，并可能随时自己决定采取步骤并自行承担费用来注册或者保持对此知识产权的保护，包括提出并且争取任何成果的专利申请。当第三方，比如学生或者合同承包方参与项目，大学或者接触合同承包方的一方（如果存在这种情况）将确保学生和合同承包方转让他们可能在成果中获得的任何知识产权，以使条款4生效。赞助方将确保其参与成果创造的员工给予大学协助，支持大学在注册和保护成果中知识产权的合理要求，包括提交并且争取任何成果的专利，以及对此知识产权的任何指称的或者实际的侵权采取任何行动。

4.4 [大学][协议各方]在找到其认为可申请专利的成果后，将及时告知[赞助方][对方]，并向[赞助方][对方]提供该项成果的副本。大学也将根据条款2.4的规定，在报告中把其他成果告知赞助方。

4.5 大学向赞助方授予非排他、无限的、完全付清、无使用费的许可（同时赞助方有权向任何集团公司，以及为赞助方或者任何集团公司工作的人或者代表赞助方或者任何集团公司的人授予分许可，但只能出于开展项目的目的，其他情况下没有授予分许可的权力），以在区域中的领域内以任何目的使用任何成果中的知识产权。

4.6

4.6.1 如果赞助方在项目期以及之后[6][12]个月中的任何时候向大学发出书面通知（选择权通知），那么大学和赞助方将通过谈判，确定大学向赞助方授予使用特定成果（许可）所需的排他许可（赞助方有权授予分许可）的条款。(可以由大学的附属公司[XYZ]有限公司授予许可)

4.6.2 大学收到选择权通知后，双方将在收到选择权通知之日起的[90天][6个月]（谈判期）内，就许可授予协议真诚地展开谈判。（许可将包括但不限于以附件3中规定为基础的条款）如果双方在谈判期内无法就许可协议的条款达成一致，那么条款4.6.1，4.6.3和4.6.4（但不包括条款4.5中的许可）中的赞助方权利将会失效。

4.6.3 在谈判期内，大学将不会与任何第三方就授予成果使用许可或者转让成果中的知识产权进行谈判，也不会在谈判期结束后[3][6][12]个月中，以此条款4.6中给予赞助方更优惠的条款向任何第三方授予任何成果的许可或者转让任何成果中的知识产权。

4.6.4 大学将与赞助方就和成果相关的专利申请进行商议,直至谈判期结束或者许可授予日这两者中较早的一个。如果在谈判期间,赞助方希望大学申请与任何成果相关的任何专利,则赞助方将报销自从协议开始以来,由于要求大学提出申请或者是保持任何专利而由大学支出的与申请提交以及争取相关的任何合理成本与费用,包括(但不仅限于)专利代理商的收费。如果大学稍后将任何赞助方已经支付上述成本和花费的成果授权或者转让给第三方,那么大学将把这些成本和花费偿还给赞助方。

4.7 尽管有条款4.6的规定或者根据该条款授予了许可,但是如果出于学术教研(以及临床病人护理)的目的,大学以及大学的每一个员工和学生将有权使用成果,包括(仅适用于条款4.6中赞助方权利失效后的情况)任何由第三方赞助的研究项目,而且这种权利不可撤销,无须支付使用费。本条款中的权利以条款5中有关学术出版的规定为前提。

(3)研究机构掌握知识产权,可以协商转让给赞助方。

协作研究协议范本3

4. 知识产权的使用和利用

4.1 本协议不影响任何背景知识产权或者其他非成果的技术、设计、作品、发明、软件、数据、技巧、专有知识或者材料中的任何知识产权的所有权。上述各项中的知识产权仍归项目贡献方(或者项目许可授予方)所有。除非本协议中明确授予权利,否则本协议没有授予或暗示任何知识产权的使用许可。

4.2 协议各方向对方授予免使用费的非排他许可来使用背景知识产权,但只能以项目开展为目的,不得用于其他目的。协议任何一方都不能授予使用对方背景知识产权的分许可,但是赞助方可能允许其集团公司、为赞助方或者任何集团公司工作的人,或者代表赞助方或者任何集团公司的人,以项目开展为目的使用大学的背景知识产权。

4.3 大学在遵守条款4.6.4的前提下,将拥有成果中的知识产权,并可能自己决定采取步骤并自行承担费用来注册和保持此知识产权的保护,包括提出并且争取任何成果的专利申请。当第三方,比如学生或者合同承包方参与项目,大学或者接触合同承包方的一方(如果存在这种情况)将确保学生和合同承包方转让他们可能在成果中获得的任何知识产权,以使条款4生效。赞助方将确保其参与成果创造的员工给予大学协助,支持大学在注册和保护成果中知识产权的合理要求，包括提交并且争取任何成果的专利，以及对此知识产权的任何指称的或者实际的侵权采取任何行动。

4.4　[大学][协议各方]在找到其认为可申请专利的成果后，将及时告知[赞助方][对方]，并向[赞助方][对方]提供该项成果的副本。大学将根据条款2.4的规定，在报告中把其他成果告知赞助方。

4.5　大学向赞助方授予非排他、无限的、完全付清、无使用费的许可（同时赞助方有权向任何集团公司，以及为赞助方或者任何集团公司工作的人或者代表赞助方或者任何集团公司的人授予分许可，但只能出于开展项目的目的，否则将失去授予分许可的权力），以在区域中的领域内以任何目的使用任何成果中的知识产权。

4.6

4.6.1　如果赞助方在项目期以及之后[6][12]个月中的任何时候向大学发出书面通知（选择权通知），那么大学和赞助方将通过谈判，确定大学向赞助方转让有些成果中知识产权的条款（转让）。

4.6.2　大学收到选择权通知后，双方将在收到选择权通知之日起的[90天][6个月]（谈判期）内，就转让条件真诚地展开谈判（转让将包括但不限于以附件中规定为基础的条款）。如果双方在谈判期内无法就转让的条款达成一致，那么条款4.6.1、4.6.3和4.6.4（但不包括条款4.5中的许可）中的赞助方权利将会失效。

4.6.3　大学在谈判期内，将不会与任何第三方就授予成果使用许可或者转让成果12中的知识产权进行谈判，也不会在谈判期结束后[3][6][12]个月中，以此条款4.6中给予赞助方更优惠的条款向任何第三方授予任何成果的许可或者转让任何成果中的知识产权。

4.6.4　大学将与赞助方就和成果相关的专利申请进行商议，直至谈判期结束或者许可授予日这两者中较早的一个。如果在谈判期间，赞助方希望大学申请与任何结果相关的任何专利，赞助方将向大学偿还自本协议签署之日起大学在提交和起诉该专利申请方面发生的合理成本和费用，包括（但不限于）专利代理人费用，这是应赞助方请求申请或维护任何专利的结果。

4.7　尽管有条款4.6的规定或者根据该条款进行了转让，但是如果出于学术教研[以及临床病人护理]的目的，大学以及大学的每一个员工和学生将有权使用成果，包括（仅适用于条款4.6中赞助方权利失效后的情况）任何由第三方赞助的研究项目，而且这种权利是不可撤销，无须支付使用费的。本条款中的权利以条款 5 中有关学术出版的规定为前提。

（4）赞助方掌握知识产权，但研究机构有权用于学术目的。

协作研究协议范本 4

4. 知识产权的使用和利用

4.1 本协议不影响任何背景知识产权或者其他非成果的技术、设计、作品、发明、软件、数据、技巧、专有知识或者材料中的任何知识产权的所有权。上述各项中的知识产权仍归项目贡献方（或者项目许可授予方）所有。除非本协议中明确授予权利，否则本协议没有授予或暗示任何知识产权的使用许可。

4.2 协议各方向对方授予免使用费的非排他许可来使用背景知识产权，但只能以项目开展为目的，不得用于其他目的。协议任何一方都不能授予使用对方背景知识产权的分许可，但是赞助方可能允许其集团公司、为赞助方或者任何集团公司工作的人，或者代表赞助方或者任何集团公司的人，以项目开展为目的使用大学的背景知识产权。

4.3 赞助方将拥有成果的知识产权，并可能随时自己决定采取步骤并自行承担费用来注册或者保持此知识产权的保护，包括提出并且争取任何成果的专利申请。当第三方，比如学生或者合同承包方参与项目，大学或者接触合同承包方的一方（如果存在这种情况）将确保学生和合同承包方转让他们可能在成果中获得的任何知识产权，以使条款 4 生效。大学将确保其参与成果创造的员工给予赞助方协助，支持赞助方在注册和保护成果中知识产权的合理要求，包括提交并且争取任何成果的专利申请，以及对此知识产权的任何指称中的或者实际的侵权采取任何行动。

4.4 如果成果中有任何知识产权有希望能够被转让，那么大学现在就要将那些知识产权转让给赞助方；如果成果中没有任何知识产权有希望能够被转让，那么知识产权创造之时，大学将在赞助方的要求下把那些知识产权转让给赞助方。赞助方将在大学随时可能提出的合理要求下向大学提供信息来表明赞助方正在利用成果或者正在采取合理步骤以利用成果。如果赞助方没有表明其正在利用任何成果或者正在采取合理步骤以利用成果，那么赞助方将在大学的要求下，将那些成果中的知识产权再次转让给大学。如果赞助方决定不继续利用任何成果，那么赞助方将通知大学，并且在大学的要求下，将那些成果中的知识产权再次转让给大学。

4.5 ［大学］［协议各方］在找到其认为可申请专利的成果后，将及时告知［赞助方］［对方］，并向［赞助方］［对方］提供该项成果的副本。大学也将根据条款2.4的规定，在报告中把其他成果告知赞助方。

4.6 赞助方向大学授予无使用费、非排他的许可来使用成果，但只能以开展项目为目的，不能用于其他目的。大学不可以授予任何使用成果的分许可。

4.7 尽管根据条款4.4进行了转让或就转让达成了协议，但是如果出于学术教研（以及临床病人护理）的目的，大学以及大学的每一个员工和学生将有权使用成果（包括任何由第三方赞助的研究项目），而且这种权利是不可撤销，无须支付使用费的。本条款中的权利以条款5中有关学术出版的规定为前提。

（5）赞助方掌握知识产权，研究机构无权使用，即便是用于学术目的的使用也不允许。

协作研究协议范本5

4. 知识产权的使用和利用

4.1 本协议不影响任何背景知识产权或者其他非成果的技术、设计、作品、发明、软件、数据、技巧、专有知识或者材料中的任何知识产权的所有权。上述各项中的知识产权仍归项目贡献方（或者项目许可授予方）所有。除非本协议中明确授予权利，否则本协议没有授予或暗示任何知识产权的使用许可。

4.2 协议各方向对方授予免使用费的非排他许可来使用背景知识产权，但只能以项目开展为目的，不得用于其他目的。协议任何一方都不能授予使用对方背景的分许可，但是赞助方可能允许其集团公司、为赞助方或者任何集团公司工作的人，或者代表赞助方或者任何集团公司的人，以项目开展为目的使用大学的背景。

4.3 赞助方将拥有成果的知识产权，并可能随时自己决定采取步骤并自行承担费用来注册或者保持此知识产权的保护，包括提出并且争取任何成果的专利申请。当第三方，比如学生或者合同承包方参与项目，大学或者接触合同承包方的一方（如果存在这种情况）将确保学生和合同承包方转让他们可能在成果中获得的任何知识产权，以使条款4生效。大学将确保其参与成果创造的员工给予赞助方协助，支持赞助方在注册和保护成果中知识产权的合理要求，包括提交并且争取任何成果的专利申请，以及对此知识产权的任何指称的或者实际的侵权采取任何行动。

4.4　如果成果中有任何知识产权有希望能够被转让，那么大学现在就要将那些知识产权转让给赞助方；如果成果中没有任何知识产权有希望能够被转让，那么知识产权创造之时，大学将在赞助方的要求下把那些知识产权转让给赞助方。

4.5　[大学]在找到其认为可申请专利的成果后，将及时告知赞助方，并向赞助方提供该项成果的副本。大学也将根据条款2.4的规定，在报告中把其他成果告知赞助方。

4.6　赞助方向大学授予无使用费、非排他的许可来使用成果，但只能以开展项目为目的，不能用于其他目的。大学不可以授予任何使用成果的分许可。

1. 多方协议情况
（1）多方协议情形A。
①各个当事人拥有各自研究成果的知识产权。
②免费授予其他各方非排他性许可，以达成项目目的。
③免费授予其他各方非排他性许可，以达成其他目的。
④任何当事人都可以应用开发所有项目成果。
（2）多方协议情形B。
①带头开发的一方最适于应用开发项目成果。
②其他各方将项目成果中的知识产权转让给带头方。
③或者其他各方授予带头方全球排他性许可。
④带头一方承担开发任务，向其他方支付收益分成、成功收益。
⑤向其他方返给非排他性许可（以及带头方成果的非排他性许可），以期达成项目目的和实现内部利用。
（3）多方协议情形C。
①不同各方按照最佳配置开发不同项目成果。
②不同核心业务对项目成果兴趣点不同，各自获得与其核心业务相关的转让。
③按照资助的条款进行成果开发。
④各自授予非排他性许可使用项目成果，一起达成项目目的和实现内部使用。
（4）多方协议情形D。
①各方当事人拥有各自研究成果的知识产权。

②免费授予其他方非排他性许可,以完成项目研究。

③协商项目成果开发许可或者应其他当事人的请求进行转让。

6.4.2 欧盟第七框架计划知识产权协议指南

欧洲为应对来自美国、日本等国家的技术挑战,并在高新科技发展的最前沿阵地占有一席之地,从1984年起即开始实施欧盟研究与技术开发计划,以下简称为框架计划(framework programmes)。框架计划是欧盟投资最多、内容涵盖最广、市场目的性最强的研发计划。目前,该计划已从第一框架计划至第七框架计划全部执行完毕。

自第四框架计划起,"国际合作"即开始专项计划,使框架不仅局限于欧盟,而且成了世界范围内的跨国科研合作框架。而从第五框架计划后,国际合作的框架机制开始得到世界各国的广泛认可及支持,我国也首次加入了框架计划的项目合作。直到最近执行完毕的第七框架计划,跨国科技合作机制更是进一步完善,在跨国科技合作的知识产权保护制度上做出了更合理的调整和创新,更好地体现了解放和提升产业竞争力的宗旨。

我国目前正处于实施创新驱动战略的新时期,国际科技合作实力和需求也处于上升时期。但对于国际科技合作所涉及的相关知识产权政策法规却始终未有统一结论,难以应对纷繁复杂的现实需求。因此,借鉴相对成熟的欧盟第七框架计划的知识产权制度,分析其宗旨、结构、内容,可以对国内相关政策法规的制定形成建议,更好地推动国际科技合作的顺利开展和创新驱动战略的实施。

近年来,欧盟框架计划积极推进知识产权协议范本的研究。《欧盟第七框架计划项目知识产权规则指南》对知识产权协议的制订提出了明确的指引,值得认真学习借鉴。

《欧盟第七框架计划项目知识产权规则指南》目录:

1 简介
2 参与方与第三方
3 项目成果与背景知识
4 项目成果归属
    4.1 一般原则
    4.2 共同所有

4.3 所有权转让
5 项目成果保护
　　5.1 欧盟委员会的保护
　　5.2 与专利申请有关的具体问题
6 项目成果应用
7 项目成果传播
　　7.1 资助资金要求
　　7.2 报告制度
　　7.3 科学期刊出版
　　7.4 涉及国家安全项目成果传播
8 使用权限一般原则
　　8.1 使用权限含义
　　8.2 项目成果使用权限
　　8.3 背景知识使用权限
　　8.4 使用权限的申请
　　8.5 使用权限与部分许可权
　　8.6 能否授予参与方或第三方排他性的使用权限
　　8.7 反对授予使用权限的情形
　　8.8 授予使用权限条件：基于免费或公平合理条件
　　8.9 为项目实施而申请获得使用权限
　　8.10 基于应用目的申请获得使用权限
　　8.11 附属机构的使用权限
　　8.12 前沿研究行动计划
　　8.13 玛丽·居里行动计划
　　8.14 欧盟的使用权限（针对某些空间项目和环境项目）
　　8.15 联合研究团体及与参与方有关的其他第三方
　　8.16 公共法定组织（仅适用与参与方）
9 实现特殊团体利益的行动计划
10 知识产权费用的适当性
11 联营协议
12 适用于欧洲原子能机构项目的特殊规则
13 其他相关活动

14 项目成果应用与传播计划

15 专利检索

16 项目名称、缩写和标志

17 欧盟授权协议终止后的保留

18 高级知识产权战略

19 有用的资源

20 附件Ⅰ：欧盟标志的使用

21 附件Ⅱ：要求通知的事项及反对情形汇总

22 附件Ⅲ：使用权限授予情况汇总

23 附件Ⅳ：用于专利申请声明的翻译版本

24 附件Ⅴ：用于传播活动声明的翻译版本

1. 《参与规则》与《（通用）资助协议》主要知识产权条款

1）相关定义

《参与规则》制定了各企业、研究中心和大学参与欧盟第七框架计划的所需要遵守的基本知识产权条款，并对主要涉及的术语给出了以下明确的定义。

（1）"法人实体"指任何自然人，或任何依据创立地所在国法律或共同体法律、国际法创立的具有法律人格并可以其名义行使权利、履行义务的法人。对于自然人，参照创立地是指参照居住地。

（2）"附属实体"是指任何受参与方直接或间接控制，或受控制参与方的实体所控制，或受以下的任一形式所控制的法人实体：①直接或间接持有相关法人实体超过50%的上市股票资本的票面价值，或直接或间接持有该法人实体绝对多数的股东或合伙人投票权；②事实上或法律上，直接或间接持有相关法人实体的决策权。

（3）"公平与合理的条件"指适合的条件，包括可能的财务条款，同时要考虑请求使用的具体情况，如请求使用的既有成果或项目成果的实际或潜在的价值，和/或"使用"的范围、期限或其他特征。

（4）"项目成果"指基于框架计划内某特定项目所产生的包括信息、资料和知识在内的一切智力成果，并不以其是否为目前法律所保护为判断依据。这类成果包括与著作权、设计权、专利权、植物品种权或其他类似保护形式相关的各种权利。

（5）"既有成果"指项目参与者在签署《资助协议》前已经占有（held），

并且在实施研究项目或使用项目成果所必需的智慧成果及信息（包括发明与数据库等）。

（6）"参与方"是指按照《参与规则》享有共同体的相关权利和义务并为框架计划作出贡献的法人实体。

（7）"研究组织"是指作为非营利性组织而创立，以研究与技术开发为主要目标的法人实体。

（8）"第三国"指欧盟成员国以外的其他国家。

（9）"联系国"指与欧盟缔结国际协议，并根据协议或协议条款为第七框架计划全部计划或部分计划提供财政经费的第三国。

（10）"国际组织"指除欧盟之外，依据国际公法拥有法人资格的政府间组织，以及这类国际组织成立的任何专门机构。

（11）"欧洲利益国际组织"指主要由成员方或联系方组成，以促进欧洲科学技术合作为宗旨的国际组织。

（12）"国际合作伙伴国家"也属于第三国，委员会将其划分为低收入、中低收入或中高收入国家，并在工作计划中也如此区分。

（13）"公共机构"指根据国家法律成立的法人实体，以及国际组织。

（14）"中小企业"指微型、小型及中型企业。

（15）"特定团体"指"面向特定团体研究计划"的受益方。

（16）"研究与技术开发执行者"指为特定团体的利益而开展研究与技术开发活动的法人实体。

2）项目成果所有权

（1）除本条款第三项所提及的项目成果及"面向特定团体研究计划"的项目成果外，项目计划所产生的项目成果应归属于执行具体工作的参与方所有。

（2）如果为参与方工作的职员或其他工作人员有权申请获得项目成果的相关权利，参与方应确保能够行使这些权利并且不违背合同中规定的义务。

（3）下述情况下，项目成果归欧盟所有。①遵照《财务条例》规定的公共采购规则采购的商品或服务的协调与支持计划，② 涉及独立专家的协调与支持计划。

3）项目成果共同所有权

（1）除"面向特定团体研究计划"的项目成果外，如果几个项目参与方共同从事某项工作而获得项目成果，并且参与方各自的工作份额无法确定，则参与方共同拥有该项目成果的所有权。各参与方应就共同所有权的分配、形式及相关事宜在事先签署的《联合研发协议》中达成协商一致的合同条款。

（2）如尚未达成共同所有权协议，共同拥有所有权的各方都有权向第三方授予非排他性许可，但无权进行转许可，并且应遵循以下条件：①应至少提前45天通知其他共同所有权人相关许可事宜；②应为其他所有权人提供公平合理的补偿。

（3）如有需求，委员会应就共同所有权协议中可能涉及的事项予以指导。

（4）如项目参与方的雇员或其他工作人员对项目成果享有请求权，则项目参与方需保证此种请求权的行使并不与《（通用）资助协议》中所规定的相应义务相违背。

4）特定团体的项目成果所有权

针对"面向特定团体研究计划"中的项目成果，除另有协议外，参与计划并从中受益的特定团体成员应共同拥有项目成果。

如依照另有协议，项目成果所有者并非特定团体的成员，则成果所有权人应确保特定团体的成员获得使用及传播项目成果所有权的权利。

5）项目成果转让

（1）项目所有权人可依照以下第2款至第5款及"维持欧洲竞争力与伦理准备"的规定将项目成果转让给任何法人实体。

（2）当某一参与方转让项目成果所有权时，其应依据《（通用）资助协议》将与项目成果相关的义务一揽子转让给接收方，而接收方在继续转让项目成果时也应一揽子转让相关义务。

（3）根据相关保密义务，当某一参与方转让许可使用权时，该参与方应至少提前45天将转让事宜通知同一项目计划中的其他参与方，同时向他们提供新的项目成果所有者的详细情况，以便其他参与方能够保障其许可使用的权利。

（4）但其他参与方可以通过书面协议约定，当所有权由某一参与方转给特定第三方时，其同意放弃事先获得通知的权利。

（5）任何其他参与方在接到转让项目成果的事先通知后，都可以在30日内或其他约定期限内，以许可使用权可能受到不利影响为由，反对项目成果所有权转让的实现。

（6）如果其他参与方中的任何一方可证明其权利可能会受到不利影响，则只有在所有相关参与方取得一致意见后，该转让才可以继续进行。

（7）如参与方转让所有权或授权排他性许可的第三方并非在与第七框架计划有联系的第三国境内成立，依据《（通用）资助协议》的相关规定，其应事先告知委员会。

6）维持欧洲竞争力与伦理准则

如参与方转让所有权或授权排他性许可的第三方并非在与第七框架计划有联系的第三国境内成立，且欧盟委员会认为此种转让与提高欧洲竞争力、伦理准则或安全利益不符，则可以反对参与方进行所有权转让或排他性许可授权。

在欧盟委员会进行反对情况下，除非委员会认为参与方在收到反对意见后已采取恰当的保护措施，否则该所有权转让或排他性许可授权不得发生。

在"欧洲原子能共同体计划"中，如欧盟委员会以安全利益为理由反对转让或排他性许可，安全利益必须理解为成员国的国防安全利益。

7）项目成果保护

（1）如项目成果具有工业或商业应用价值，项目成果所有者应充分考虑到自身及相关项目其他参与方的合法利益，尤其是商业利益，进而对项目成果进行充分有效的保护。

（2）当并非项目成果所有权人的项目参与方请求取得项目成果的合法利益时，该参与方必须明示愿意承担因请求而产生的任何不成比例的重大损失。

（3）如项目成果具有工业或商业应用价值，但所有者并未对该成果采取保护措施，且并未将项目成果以及其相关的一揽子义务一并转让给另一参与者、在成员国或联系国境内成立的某一附属实体，或在成员国或联系国境内成立的任何第三方，则该所有者在未通知欧盟委员会之前不可对项目成果进行传播活动。而且，项目成果所有者必须至少在进行传播活动前45天履行通知欧盟会员会的义务。在此种情况下，委员会在获得相关参与方同意后可以接管项目成果的所有权，并采取妥善有效的措施保护项目成果。而只有当相关参与方证明其合法利益可能会受到重大损害时，其方可拒不同意委员会接管项目成果的所有权。当欧盟委员会接管项目成果所有权时，委员会也同时承担一应义务，包括授予许可使用的义务。

8）欧盟财政支持的相关证明

所有与项目成果相关的信息公布、由参与方提出的专利申请或其他传播活动都应声明项目成果是在欧盟的财政支持下获得的，并且此项声明应在资助协议中进行规定。

9）项目成果的使用

（1）参与方应当主动使用其所拥有的项目成果，或确保项目成果能够被使用。

（2）参与方应当依照"项目成果使用与传播计划"报告项目成果按照预期目的的使用情况。该报告必须含有充足信息以保障欧盟委员会能够以其为依据进行相关审计工作。

10）项目成果的传播

（1）各参与方应确保尽快传播所拥有的项目成果。如果参与方未能及时对项目成果进行传播，则委员会可对项目成果传播。在《（通用）资助协议》中可就此设定时限。

（2）传播活动应符合知识产权保护、保密义务及项目成果所有者的合法权益。

（3）在"欧洲原子能共同体计划"中，项目成果的传播活动必须符合各成员国的国防安全利益。

（4）参与方进行项目成果的传播活动时，应至少提前45天将传播相关事宜通知其他相关参与方，并在通知中说明传播方式即需要公开的任何信息。任一其他参与方如认为其项目成果或既有成果的相关合法权益可能受到重大损害，则可在接到通知30日以内对该传播活动予以反对。此种情况下，传播者只有在采取恰当措施对相关合法权益进行保护后才可以继续进行传播活动。参与方可另行通过书面协议另行约定以上通知期间及反对的时间期限。

11）既有成果范围

项目参与方可以通过书面协议的方式明确实现项目目标所需要的既有成果的范围。同时，参与方也可以在具体案例中约定在既有成果范围内排除某项知识产权或其他智慧成果。

12）既有成果与项目成果许可使用基本原则

（1）许可使用请求必须以书面形式提出。

（2）授权许可使用的协议条款可以以满足特定条件为前提。设定特定条件的目的则是为保障许可使用的权利仅用于其应有的目的，同时也是为了保障保密义务的履行。

（3）许可使用权不应包含转许可的权利，项目成果或既有成果所有权人另有约定除外。

（4）仅当所有其他参与方以书面形式确认放弃其许可使用权时，某一参与方才可以对项目成果或既有成果进行排他性许可授权。

（5）在不违反上一条款的前提下，任何向参与方或第三方提供项目成果或既有成果许可使用权的协议都应以确保对其他参与方潜在的许可使用权为前提。

（6）依据许可使用权的范围，同一项目的各参与方应尽快互相告知各自既有成果许可使用权授予的限制条件，或其他可能对许可使用权授予造成极大影响的条件。

（7）根据《（通用）资助协议》规定，如果某一参与方提前中止参与项目计划，其将访问权授予同一项目中其余参与方的义务并不会因此免除。

13）**实施项目所需的许可使用权**

（1）在必要情况下，项目参与方应授予同一项目计划中的其他参与方项目成果的许可使用权，使其能够完成在项目中的工作。此类许可使用权的授予应以免除专利费为原则。

（2）在其他参与方需要取得某一既有成果的许可使用权以确保完成其在项目中工作的必要情况下，如拥有该既有成果的参与方有权授予许可使用权，则其应授予其他参与方该既有成果的许可使用权。此类许可使用权的授予应以免除专利费为原则，但所有参与方另有协议除外。

在"面向特定团体研究计划"的项目中，研究与技术开发活动实施者应在免除专利费的基础上授予既有成果许可使用权。

14）**使用项目成果所需的许可使用权**

（1）在必要情况下，同一项目中的各参与方应享有项目成果许可使用权以使用他们自己的项目成果。并且根据《（通用）资助协议》，此种情况下，应按照公平合理的条件或免除专利费的方式授予其项目成果许可使用权。

（2）在其他参与方需要取得某一既有成果的许可使用权以使用其自身的项目成果的必要情况下，如拥有该既有成果的参与方有权授予许可使用权，则其应授予其他参与方该既有成果的许可使用权。此类许可使用权的授予应以免除专利费为原则，但所有参与方另有协议除外。

在成员国或联系国境内成立的附属实体应在与其所附属的参与方相同的条件下享有上述两款中提及的许可使用权，《（通用）资助协议》及"联合研发协议"中另有约定除外。

在发生以下任何一种情形时，可在随后 1 年内申请以上三款中所提及的许可使用权：①项目结束；②相关既有成果或项目成果的所有者退出项目。各相关参与方也可通过另行约定明确以上时间限制。

2. **针对性资助协议的知识产权条款**

第七框架知识产权制度具有灵活的项目针对性，从制度本身目标出发，根据不同研究计划的特点和侧重领域，搭配适用具有针对性的资助协议。这些针对性的资助协议在知识产权条款方面基本与《(通用)资助协议》相同,但同时也根据计划的特点,对个别条款进行了针对性调整。

1)"前沿研究计划"与《欧洲科学研究委员会资助协议》

"主要由欧洲科学委员会推动的前沿研究计划"(原始创新计划)旨在通过吸引顶尖科学家和支持具有重大影响性及风险性的研究,使欧洲在新兴领域和快速影响性领域的科研实力快速攀登至世界级水平。该计划适用《欧洲科学研究委员会资助协议》。在该协议中,仅在许可使用权条款方面与《(通用)资助协议》不同。

根据《欧洲科学研究委员会资助协议》,在以执行项目及进一步开展研究活动为目的的情况下,同一个"前沿研究计划"项目的各参与方应享有项目成果及既有成果的免除专利费的许可使用权(表6-1)。除上述情况外,以其他使用目的为理由请求许可使用授权,原则上应无偿免除专利费,但《(通用)资助协议》另有规定除外。

表6-1 前沿研究计划

目的类别		许可使用权 既有成果+项目成果
以执行项目任务为目的		无偿免除专利费
以使用为目的	进一步开展研究活动	
	其他使用目的	原则上应无偿免除专利费,但《(通用)资助协议》另有规定除外

2)"玛丽·居里计划"与《玛丽·居里资助协议》

"玛丽·居里计划(人力资源计划)"主要目的包括鼓励科技人才培养与自由流动、提升女性在科研中的地位。该计划虽然适用于《玛丽·居里资助协议》而不适用《(通用)资助协议》,但两项资助协议中知识产权相关条款基本相同,并没有出现冲突之处。

3)"面向特定团体研究计划"与《资助协议特别条款》

(1)"面向特定团体研究计划"范围及参与者。

在第七框架计划下,"面向特定团体研究计划"是一个特殊的计划,它主要包括三个子计划:"中小企业计划""中小企业团体计划"及"社会组织计划"。而这三类计划所面向的获益主体也就是中小企业、中小企业团体及社会组织。

需要注意的是,独立的中小企业不能参与"中小企业团体计划",该计划仅针对"中小企业团体"而设立。

（2）项目成果所有权。

除另有约定外，"面向特定团体研究计划"的项目成果仅能由属于特定团体的参与者所共有。如依照约定，特定团体参与者放弃对项目成果的所有权，这些特定团体参与者也必须获得使用及传播该项目成果所必需的许可使用授权。

（3）许可使用权。

①特定团体参与者的许可使用权。研究与技术开发执行者必须无偿向特定团体参与者提供其用于执行项目所必需的既有成果的许可使用权。对于特定团体参与者为使用自身项目成果所必须的既有成果的许可使用权，研究与技术开发者原则上应无偿给予，但也可以通过在签署资助协议前达成的公平合理的协议条款对授权条件进行约定。

②研究与技术开发执行者的许可使用权。经所有参与方一致同意，应在公平合理的条件下授予研究与技术开发执行者项目成果许可使用权，以使其进一步开展研究活动（表6-2）。

③转许可。在"面向特定团体研究计划"中，如果某法人实体代表特定受益团体参与项目，该法人实体可以将其取得的任何许可使用权转许可给团体中成立于成员国或联系国境内的成员。

表6-2 面向特点团体研究计划

类别	既有成果许可使用权	项目成果许可使用权
以执行项目为目的	以无偿免除专利费为原则，以在签署资助协议前达成公平合理的授权条款为例外。但获取研究与技术开发执行者既有成果的许可使用均为无偿	无偿免除专利费
以使用为目的	无偿免除专利费，或通过在签署资助协议前达成公平合理的协议条款对授权条件进行约定	

6.4.3 英国兰卡斯特中国企业催化项目知识产权管理框架

为期4年的兰卡斯特中国企业催化项目（LCCP）吸引了数百个以技术为重点的英国中小型企业（SMEs）与多达80个中国企业和（或）学术合作伙伴开展合作研究和开发项目。这些合作伙伴关系致力于新产品、工艺或技术的研发和在包括中国在内的国际市场上的推广。该项目拥有优秀毕业生团队和科学、技术、管理和设计专业人才。他们将接受兰卡斯特大学创新中心（包括英国/欧盟和国际/中国学生）的新型理科硕士课程，并同中英合作伙伴一起致力于具体合作项目的研发。

文件提出了合作研究和发展伙伴关系方面的知识产权管理的协议，并列出了一系列更高水平的原则，以促进企业间合作向纵深发展。

中国加入世贸组织后，广东省科学技术厅（GDST）和中国科学院（CAS）是实施新知识产权法和商业法的主要政府机构。广州为本项目提供了完整的法律体系，公平的法制环境，规范市场管理，以及与世界贸易组织规则相一致的贸易救济体系。广东省政府高度重视知识产权保护，大力扫荡侵犯版权的行为，保障外国投资者的合法权益。

协议包括两部分：①英国知识产权保护。即英国企业、兰卡斯特大学和研究所研究员之间的研发合作的知识产权。②英国—中国伙伴关系。即英国企业和中国合作伙伴之间的合作伙伴关系协议。

1. *英国知识产权保护*

（1）毕业生研究员。

研究人员在参与兰卡斯特中国企业催化项目过程中产生的新的知识产权，归兰卡斯特大学所有，作为其参与国际创新硕士课程的条件。

（2）背景知识产权。

在兰卡斯特中国企业催化项目中，参与合作研发的一方在合理条件下将背景知识产权的使用权授予另一方（不希望在研发合作中使用预授权的知识产权）。在合作研发过程中尽量使用免版税的，非独家的背景知识产权。

（3）项目产生的知识产权。

如果毕业生研究员或者其主管认为，在合作研发过程中有新的发明或其他商业上有价值的发现，应及时通知兰卡斯特大学和企业。

兰卡斯特拥有项目过程中产生的知识产权的所有权。

兰卡斯特大学将授予相应企业全球性的、免版税的、可撤销的、独家许可使用的项目产生的知识产权。在符合下文所载的条件的前提下，企业拥有副许可主体的权利。许可证使用期限为5年。与兰卡斯特大学协商后，许可证使用期限可被延长，前提是企业能证明其在许可证期限内合法使用该项目产生的知识产权。

如果公司不希望该许可证的有效期延长，许可证效力到期自动终止。

在许可协议的期限内，企业应补偿兰卡斯特大学为保护该知识产权而产生的所有费用。

如企业需要使用兰卡斯特大学及（或）其毕业生研究员所拥有的背景知识产权（如适用），兰卡斯特大学及（或）其毕业生研究员将同意授予该企业相应的背景知识产权。企业应合法使用非独家许可的背景知识产权。

授予许可证给上文所列企业的同时，兰卡斯特大学保留非排他性的、不可撤销的、全球性的、免版税使用权，并有权授权其他学术机构使用。由此产生的知识产权可用于研究、教学和出版目的。

如果企业希望副许可上述权利，由于兰卡斯特中国企业催化项目中英国企业与中国企业的商业合作伙伴关系，此类情况不可避免。英国企业需要事先寻求兰卡斯特大学的书面同意。这一申请不得无理拒绝或延迟。

2. 英国—中国伙伴关系

英国企业和中国企业需要就知识产权转移和（或）开发，以及合作对象和合作基础单独进行合同安排。

兰卡斯特中国催化项目和其关键伙伴将在知识产权领域提供适当的支持和指导，但英国企业和中国企业之间的单独合同安排是双方商业合作伙伴之间的责任。

英国贸易投资总署、英中贸易协会和技术战略委员会的高级代表，在英国商务、创新和技能部会见了兰卡斯特大学项目团队的成员。会上就知识产权管理的问题进行了讨论，以上三个组织已同意参与支持兰卡斯特大学的这个项目，并提供了他们在这一领域的意见、专业知识和经验。

跨境商业化协议的标准元素可能需要适应中国的法律。这将需要一个合格的中国律师提供咨询意见。合同需要（根据中国法律）用中文书写，而非从英文翻译为中文。

在个人合作方面，以下三种形式更有利于知识产权的保护。这些都是由英国贸易投资总署，英国外交及联邦事务部（英国驻北京大使馆）和英国知识产权局联合制作的近期最佳实践。

（1）许可。

如果现有的企业有合适的专业知识，但是市场难以渗透，那么许可是一个很有吸引力的选择。许可证可以是排他性的，也可以是非排他性的，或者是限定在特定的区域或市场使用。

（2）发展伙伴关系。

与现有的公司共用一个许可，发展伙伴关系，可扩大技术应用，可以使双方都获益。针对目前的合作这一模式非常有实用性。虽然收入回报可能较低，但市场的前景会更好。之前的许可协议则与之相反，进行技术革新的一方获得知识产权。外国个人和实体可以通过技术革新获得知识产权。专利申请的过程取决于发明是在哪里"制造"的。根据中国法律的规定，专利申请的重点在于管辖权。在中国发明的专利，可以视情况根据外国申请专利规定在境外申请，或者根据专利合作条约（PCT）通过中国国家知识产权局（SIPO）在境内申请。

（3）合资企业。

如果企业拥有可以重复认购的技术并且市场准入没有明确的路径，那么创建一个新公司可能是一个很好的途径。然而你也可以与中国合作伙伴建立合资企业在中国经营，此类合同会列明知识产权转让的条款以及经营过程中所产生知识产权的所有权。如果没有中国合作伙伴，或者技术拥有者希望在中国独立运作或与其他外国实体合作，那么需要建立外商独资企业（WFOE）在中国境内经营。建立合资企业或外商独资企业通常是为了转移技术和实现商业化。根据中国法律的规定，在合资企业或外商独资企业中，无形资产可以作为投资的一部分，条件是无形资产的投资不超过企业注册资金的70%。

（4）更多帮助。

兰卡斯特大学已聘请了Wragge律师事务所（在英国和广州设有办事处）的专家，以支持和帮助参与兰卡斯特中国企业催化项目的英国企业解决有关知识产权和商业合作的事项。具体来说，他们将提供：

①在兰卡斯特中国催化项目中，对兰卡斯特大学在知识产权事宜方面给予建议。

②就合作研发过程中有关知识产权所有权和使用权的事宜向英国企业提供指导，包括指导英国企业撰写有关知识产权保护的意向书草案。该意向书草案将作为合作项目申报书的一部分提交。

③为中英企业之间研发合作合同中涉及知识产权的部分提供指导。

④为兰卡斯特大学、兰卡斯特中国企业催化项目以及英国企业提供中国的合作研发过程中应该注意的事项。比如提供"能做"和"不能做"的信息表，帮助英国企业与中国企业的合作做准备。

⑤为英国企业进一步提供有关知识产权的信息、联系方式和专业知识。

⑥在新的发明通过之后，组建两个工作室调查与本项目有关的其他技术和商业发现。

（5）争议。

知识产权方面的争议管理和其他事项，由兰卡斯特大学—广东省科技厅项目领导小组协商和共同管理。

3. 术语定义

"背景知识产权"是指一方当事人在合作研发过程中提供的信息、知识和知识产权，而非在合作研发下产生的。

"合理合法使用"是指在运用合理健全的科学和商业惯例时，遵照该产品被第三方普遍使用的方式，或遵照类似产品在类似市场潜力运作的情况，以及时生产产品，并最大限度地提高其商业化的经济回报。

"项目产生的知识产权"是指在实施研发合作的过程中，员工、学生或大学的其他机构提供的个别或集体的发明、改进和（或）发现。

"毕业生研究员"是指为支持研发合作，由兰卡斯特中国催化项目支持的大学学生。

"研发合作"指的是在兰卡斯特中国催化项目毕业生研究员及其主管的支持下，英国的中小企业和一个或多个中国企业和（或）学术合作伙伴之间进行合作研究和开发项目，重点开发新产品、工艺或技术。

"主管"是指向毕业生研究员提供适当支持和指导，促进其更好地支持研发合作的指定的大学学术专业人才或者企业其他类似专业人员。

"企业"是指由兰卡斯特中国催化项目支持的参与研发合作的英国企业。

4. 评价

这个知识产权管理框架是兰卡斯特中国企业催化项目的英方组织者英国兰卡斯特大学制定的主要服务于英方参与者的知识产权管理指南。兰卡斯特中国企业催化项目是英国兰卡斯特大学利用英国政府资助和大学的科研资源、教学资源，通过与广东省科学技术厅的战略合作关系，共同组织中英双方企业参与产业技术合作研发和商业化活动。项目涉及大学、研究人员、中英企业等跨国主体多层次的合作关系，是典型的跨国政产学研合作项目。

这个管理框架规定每一个合作项目必须包含两个层次的知识产权保护协议，一是英国知识产权保护，包括英国企业、兰卡斯特大学和研究所研究员之间的研发合作的知识产权；二是英国—中国伙伴关系知识产权保护，包括英国企业和中国合作伙伴之间的合作伙伴关系协议。

关于英国知识产权保护，框架规定对于合作项目产生的知识产权，兰卡斯特大学拥有所有权，同时将授予参与项目企业全球性的、免版税的、可撤销的、独家许可使用权。授权期限为5年，到期可延续。授权之后，兰卡斯特大学保留非排他性的、不可撤销的、全球性的、免版税使用权，并有权授权其他学术机构使用。由此产生的知识产权可用于研究、教学和出版目的。通过这样的法律安排，确保英国企业（和其中国合作伙伴）在兰卡斯特中国催化项目中可以更好地将知识产权应用于商业上，同时也确保兰卡斯特大学在公开资助的知识交流/研究与发展计划方面符合欧盟国家援助条例。由于兰卡斯特中国催化项目框架下英国企业与中国企业的商业合作伙伴关系，英国企业寻求对于大学授权副许可的情况不可避免。框架规定，英国企业需要事先寻求兰卡斯特大学的书面同意。对于企业的申请，大学不得无理拒绝或延迟。

在中英企业伙伴关系方面，框架规定两国企业需要就知识产权转移和（或）开发，以及合作对象和合作基础单独进行合同安排，这是双方商业合作伙伴之间的责任。兰卡斯特中国企业催化项目中英双方组织者仅限于在知识产权领域提供适当的支持和指导，充分体现了当事人意思自治的原则。

管理框架还为英方企业指定了法律支持机构，并提供了英国贸易投资总署、英国外交及联邦事务部（英国驻北京大使馆）和英国知识产权局联合制作的近期跨国知识产权保护的最佳实践模式供企业参考。总体而言，这个管理框架逻辑结构清晰，法理依据充分，内容完整全面，指导意义显著，值得中方项目组织者学习借鉴。

6.4.4 广州 A 科技股份公司与以色列 B 化合物公司合作协议

合作备忘录

由以下双方签署：

甲方：广州 A 科技股份有限公司

乙方：以色列 B 化合物有限公司

（甲、乙双方以下统称"一方"，合称"双方"）

鉴于为执行一项名为 P 的项目（joint application），双方已联合申请 2014 年中国以色列工业技术合作计划（project）；鉴于根据联合申请，每一方被授权向其本国的首席科学家或同等级别的主管权力机关（authorities）申请要求对项目进行确认（confirmation）和/或提供资金；鉴于每一方已向权力机关提交了要求确认的申请，但确认尚未被授予；鉴于无论该项目能否得到确认，双方都拟执行该项目，且因此希望就该拟定项目的某些事项达成约定，全部内容如下所述。因此，双方现做出如下约定。

1. 项目的执行

项目应根据如下条款和条件执行：

1.1 双方将成立一个联合指导委员会（committee），负责项目的共同执行。每一方将委派 2 名代表作为委员会的成员。

1.2 委员会的决议应经全体委员一致同意通过。

1.3 委员会将为项目的执行制订一个详细的工作计划（work plan），包括重要事项和时间表。

1.4 就任何权力机关所施加的、有关确认的并可能以任何方式影响项目的限制或条件（conditions），一方应立即知会对方，并由双方委员会进行讨论。委员会将决定双方是否可以达到该等条件，如果无法达到，就如何推进项目和/或应对与施加该等条件的权力机关交涉。

1.5 每一方还应委派一名代表担任项目经理。该两名项目经理将管理执行项目所涉及的日常活动，且应相互充分协调并根据工作计划和委员会的指示开展工作。

1.6 项目自 2014 年 1 月 1 日启动。

1.7 与项目相关的成本，双方应以如下方式承担。

1.7.1 实付开支——每一方应承担其各自与执行项目相关的实付开支和费用，并应负责取得其自己国家的权力机关的确认。特此明确，双方并没有义务必须取得确认，可自行决定不取得权力机关的确认或资金。

1.7.2 外部成本——根据由委员会制定并经同意的预算，每一方应（由其自身或通过权力机关提供的资金）承担 50% 的项目外部成本（例如有关知识产权注册或使用外部实验室的成本）。

2. 知识产权

双方在本项目框架内共同开发的任何新的知识产权（New IP），应由双方平等地共同所有。对由双方共同所有的新知识产权，任何许可、转让、放弃、诉讼应经双方的同意，但乙方有权在未经甲方同意情况下，将新知识产权或新知识产权的任何部分许可或另行转让给乙方的任何关联方。每一方应承担任何由双方注册的且与新知识产权相关的专利权利全部注册及维持费用的 50%。如果任意一方未能支付其应承担的该等费用，且自另一方发出要求其支付该等费用书面通知后 30 日内该等费用仍未被偿付，则未能支付该等费用的一方将转让其于该等专利中的权利予另一方（并执行完成该等转让所需的任何行为及/或签署任何所需的文件）。

3. 供应及采购

3.1 若新知识产权是一项乙方或其关联方的专有技术，且是未被乙方利用或其关联方专利权保护的产品而形成的新配方（未保护产品，unprotected products），则在至少 7 年的期限内，甲方对于其所应用的未保护产品应至少有 75% 购买自乙方。该等购买和销售应根据双方基于善意约定的条款和条件进行，并且受限于乙方的一般销售条款。双方同意该等未保护产品的购买和销售应特别包括一项"要么匹配，要么解除"条款，根据该条款，甲方有权不超过每个日历季度一次向乙方提交一份另一家国际供应商的竞争性要约，该要约（offer）销售的未保护产品质量与自乙方处购买的相近，且数量相同或更少，并以至少低于目前乙方销售未保护产品价格 3% 的价格销售。乙方将随即有权选择在该要约期间内匹配该等较低价格或者解除甲方的购买义务。

3.2 若新知识产权是一项利用任何乙方受专利权保护产品的新配方（受保护产品，protected products），则在 3 年期限内，甲方应购买全部乙方要求的该等受保护产品，并且在该等期限内，受限于适用法律，乙方应在亚太地区仅将该等受保护产品供应给甲方。但在该等 3 年期限内，在为任何除项目标以外的其他用途（即除 P 项目以外）的前提下，乙方应有权在亚太地区将该等受保护产品销售给第三方。该等购买和出售应根据双方基于善意约定的条款和条件进行，并受限于乙方的一般销售条款。

4. 一般条款

4.1 附件 A 所附之保密协议的条款和规定应适用于双方之间就项目和/或本备忘录所进行的信息交换。

4.2 双方特此确认，乙方和/或其关联方以其自有的费用，已经独立开发和/或将要开发分子结构，包括有关项目的标的，并且该分子结构为且应为乙方或其关联方独自所有。

4.3 本备忘录应受香港法律管辖，且香港主管法庭应就任何由本备忘录引起或与之有关的事项具有排他的管辖权。

4.4 本备忘录（连同其附件）为本备忘录双方之间就与本备忘录题述事项有关的完整协议，并取代双方此前之间就相关事项的全部安排。本备忘录不得被改变、扩大或更改，除非该等改变、扩大或更改由双方共同以书面方式做出。

4.5 未经其他方书面同意，双方均不得将任何其本备忘录项下的权利或义务转让给任何第三方，如果乙方拟将任何其本备忘录项下的权利或义务转让给任何其关联方，则乙方可以经书面通知甲方（但无须获得甲方的同意），将任何其本备忘录项下的权利或义务转让给任何其关联方。

4.6 本备忘录明确不存在任何在本备忘录双方之间建立合营、代理或合伙关系的意图。

4.7 本备忘录（连同其附件）应对本备忘录双方及任何其受让方和/或承继方具有约束力。

4.8 本备忘录签署4份正本，每一方保留一份签署的正本，每份具有同等法律效力。本备忘录将同时签署中英文版本，若该两种版本有任何不一致或相抵触之处，则以英语版本为准。

双方由其正式授权的代表签署本备忘录，以资证明。

【评论】

本协议以备忘录的形式撰写，但从一般条款看，该备忘录具有完全法律效力，因此，称为合作协议更为确切。

本协议签署的目的是执行一项中以双边工业技术联合研发计划P，但从协议的实质内容看，更像是广州A公司委托以色列B公司利用其公司技术开发满足A公司特定要求的产品，并由A公司在一定期限内购买。所以，整个协议虽然有联合研发的执行架构，如成立联合委员会，指派项目经理等，但对全部研究工作的描述只涉及B公司的技术，没有涉及任何A公司的背景知识产权。

虽然协议规定合作项目产生的新的知识产权由双方等额共有，任何与新知识产权相关的许可、转让、放弃、诉讼应经双方的同意。但乙方有权未经甲方的同意，将新知识产权或新知识产权的任何部分许可或另行转让给乙方的任何关联方，而协议对乙方的关联方没有给予任何限制，这实际上赋予乙方单方处置新知识产权的权力。尽管从协议字面上看似乎前后矛盾且有失公平，但这种安排与协议研究工作只涉及乙方的技术是相一致的，也更加印证本协议是技术委托开发性质的判断。

协议的供应与采购条款相当完备，双方权利义务比较平衡。特别是设置了"要么匹配，要么解除"的条款，在维护乙方按公平合理条件销售为甲方开放的新配方产品权益的同时，也保障甲方免于遭受不合理的高价。

6.4.5 某制药企业与以色列公司签订的合作研发协议

科研合作协议

1. 合作研究课题

治疗帕金森病多功能化合物的研究与开发

2. 项目负责人

甲方：广东 A 医药有限公司

乙方：海法 B 有限公司

3. 研究计划，人员分工以及时间表

在此部分，双方正式达成关于实施先导化合物的临床前研究协议，包括化学合成、药理学、药物代谢动力学和作用机理以及毒理学研究。

4. 经费来源及其使用用途

双方将向中国广东省政府及以色列政府共同申请一百万美元的经费资助，具体明细如下：

临床前化学合成，制剂及药学研究	15 万美元
临床前药物代谢动力学研究	20 万美元
临床前药理学及机理研究	30 万美元
临床前一般药理学及毒理学研究	35 万美元

经费的使用将严格遵守中国广东省政府及以色列政府的相关法律法规的要求执行。

5. 知识产权的所有权，使用以及转让

该知识产权涉及该项目中包含的所有成果，共同的成果归各当事方共同所有。在未获得对方协助的情况下各自所取得的成果，以及各自在项目合作前或本项目合作结束后所取得的成果归各自所有。

发表论文中所涉及的作者及致谢应以对项目贡献量的大小为基础，具体细节经参与双方协商一致后决定。

在就知识产权提交任何申请之前，一方应当首先就相关问题与另一方深入交换意见。提交方必须在对方就所有权相关权益无任何异议后方可继续。

未经双方书面同意，任何一方不得将该项目共有知识产权的任何部分转让给第三方使用。

6. 项目持续时间，项目修订以及项目撤回

该项目在所有科学研究完成之后自行终止。某参与方若决定在上述日期前撤出项目，必须至少提前三个月知会该合作项目的其他所有参与方。针对该项目的任何修订，均需经双方协商一致同意。该项目将于 2017 年底前终止。

7. 法律效力

该协议自 2014 年 6 月 1 日正式生效直至广东－以色列产业研发合作项目到期自

行终止。协议一式四份，协议原件由甲乙双方各持一份，协议副本由中国广东省政府以及以色列政府各持一份。

【评论】

这是国内某制药企业与以色列某公司就治疗 P 疾病筛选化合物合作开展临床前研究而签署的合作协议。协议内容比较简单，对双方在合作中的投入、职责分工、研发成本等都没有涉及，只笼统提出向中以双方政府申请 100 万美元的资助。

在知识产权方面，按照一般的惯例规定合作成果共享，没有双方书面同意，任何一方不得将合作成果转让第三方。任一方在申请与项目有关的知识产权之前，应征得另一方同意。另外，各方单独开发的成果、背景知识、后续成果归开发一方所有等等。这些都是一些原则性的规定，在实践中可操作性不强，一旦有矛盾和不同意见，因为没有事先规定的处理原则，往往难以迅速达成一致，影响合作顺利推进或成果的有效运用。

6.4.6 某企业与外方的合作意向书

合作意向书

此合作意向书（协议）于 2014 年 3 月 11 日，由以色列公司 E 有限公司（以下简称 E）和中国深圳 F 有限公司（以下简称 F）共同制定。双方就控制区域和企业的电力远程遥控（互联网应用）进行研究。该研发主要内容详细见：附件 A（"研究"）中所述。双方拟开展联合研发，以开发出潜在商业产品。E 希望正式就知识产权和财产所有权和商业规范与 F 的关系。E 和 F 同意各持 50% 的股份，在研发、产品和专利等领域共享专有权利，公平合作，以实现商业化。

本协议记录了双方对条款及条件的初步谅解事项；在此基础上，双方共同考虑进行本次合作交易。当双方接受了协议，即期望双方在将来的合作中应该及时、诚信、共同协作，协商并制定一份最终协议。最终协议将包含如下事项：

1. 谈判议题

双方同意真诚协商，并将以下条款作为谈判议题：

（1）资金由进一步开发研发计划项目的双方提供。

（2）在研发方面的背景知识产权都将许可给两家公司。

（3）由新研发项目产生的任何未来的专利或知识产权都将许可给两家公司。

（4）包括可以解决以下问题的任何许可：

①领域内排他性许可/申请许可；

②可转让许可的权利；

③合理的产品净销售许可费和使用费；

④双方在共同研发、产品及专利的开发及商业化上达成一致承诺；

⑤双方申请专利所支付的专利费用；

⑥报告，记录和其他具有里程碑意义的事项。

2. 最终协议

最终协议将包含适用于本次交易的额外条款及条件，其中包括但不限于陈述和保证条件，双方出于内部研发及学术目的、出版或遵循有关通知、不可抗力、赔偿、责任、保密、法律的选择、终止以及其他类似的规定，保留使用知识产权的权利。

正式协议涵盖了所有参与方所必需且已协商同意的内容，包括但是不限于，所有这些都需要各参与方批准。

3. 保密条款

3.1 机密信息

就本协议而言，机密指的是：

（1）该软件的源代码和产品。

（2）双方任何业务或技术信息，包括但不限于有关双方的产品计划的任何信息、设计、成本、产品的价格和名称、财务、营销计划、商业机会、人才、研究、开发和技术诀窍。

（3）任何由披露方制定的信息都将视为"机密"，如果是口头约定的信息，需要在30天内以书面形式补充。

（4）本协议的条款和条件。

3.2 除外条款

机密信息不包括以下信息：

（1）由接收方独立开发并且未考虑披露方的保密信息的。

（2）由接受方从第三方获得不受限制的信息披露并且没有违法保密协议的披露。

（3）公共领域范围内，但不是由于过失或者疏忽等，接收方并没有违反本协议。

（4）接收方在披露方披露之前得到了信息。

（5）法律规定必须披露的，披露方需通知接收方。

3.3 义务

除非根据本协议明示规定，每一方都将严格保密，且不使用或者披露，从另一方收到的任何机密信息。双方将进一步同意，每一方都将以相同的保密等级对从另一方收到的保密信息及己方发出的保密信息进行保密，以保证信息不外露。

4. 协议是在真诚谈判的基础上建立的

此协议并非正式协议，也不承诺任何一方继续进行本协议所预期的交易。相反，它是一份关于进行诚信谈判和问题的意向书，双方将本着诚信的精神，努力就这些问题进行谈判并拟定最终协议。

双方同意真诚地进行谈判，除非双方同意延长谈判期限，否则谈判期限不超过1个月。与第三方就本协议拟进行的交易进行平行谈判，或不能披露与该交易相关的信息，以及拒绝谈判，均不被视为诚信交易。

如果双方未能在上述期限内达成最终协议则没有进行下一步的义务，彼此也没有权利向另外一方提出订约谈判或者终止合作或者提出任何理由赔偿，也不能进行预期交易。

5. 适用法律

本协议的效力、解释以及双方的法律关系均受以色列和中国两国法律的管辖。

双方已授权正式签署本协议。

代表人：＿＿＿＿＿＿＿＿＿＿

【评论】

这是一份比较完整的研发合作意向书。它记录了双方业已达成的合作意向，即双方同意就议定的项目开展联合研发，合作成果由双方等额共享，在专利申请、商业开发、产业化方面公平合作。基于这个基础，意向书确定双方下一阶段协议谈判的内容包括在合作研发中各自的资金投入、背景知识产权的授权许可、项目成果的授权许可，以及授权许可的具体内容。另外还规定一个月的期限，作为双方为达成最终协议进行谈判的时间。在这段时间内，双方基于诚信

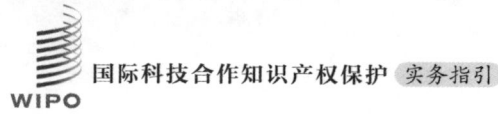

原则承诺不与其他第三方进行有关该项目的磋商。

意向书对当事人的保密义务进行严格规定。一方面是对保密信息的内涵做了清晰定义,另一方面规定各方都有同等义务保护从另一方收到的保密信息,并采取与信息发布方同等的保密措施来保证信息不泄露于为达成最终协议进行谈判以外的目的。

7 广东省国际科技合作知识产权保护现状

本章运用调查问卷分析方法,以 148 个广东省国际科技合作项目为研究样本,分析国际科技合作项目的知识产权协议条款存在的问题,得出调查结论,并从省级国际科技合作项目管理角度提出知识产权管理的对策建议。

7.1 调研简介

7.1.1 问卷设计

为了有效调查广东省国际科技合作中所存在的知识产权问题,我们通过有关文献和互联网查找了已有关于国际科技合作的调查问卷,抽取了其中有代表性和普遍性的问项,并结合本次调查的目的和广东省的实际情况,设计了若干部分问项,使得最后的问卷在内容上涉及面广,但又不失典型性,问项多,但条理清楚,既有利于对调查结果进行比较和统计,又能如实反映广东省国际科技合作的现状和与知识产权有关的问题。

问卷共分为五个部分,33 个调查问项。第一部分是项目的基本情况调查(表 7 - 1);第二部分是与知识产权有关的主要合同条款调查(表 7 - 2),主要包括技术秘密保护、合作成果归属和分享、合作成果保护方式等条款;第三部分是主要合作成果调查(表 7 - 3),主要包括论文发表、专利申请、合作产生技术秘密等情况;

表 7 - 1 项目的基本情况调查

基本信息	问题号
合作国别	1
中方项目审批部门	2
主要合作形式	3
专业技术领域	4
中方合作单位性质	5
外方合作单位性质	6
合作项目是否达到了预期的目的	7

第四部分是知识产权侵权及其救济（表7-4）；第五部分是建议、经验与教训。

表7-2 与知识产权有关的主要合同条款调查

主要合同条款调查	问题号	主要合同条款调查	问题号
合作双方是否签订合同	8	合作成果知识产权归属	14
合同中是否有法律适用条款	9	专利权归属约定	15
适用何国法律	10	对科技合作中产生的知识产权的使用约定	16
是否签订保密协议或者保密条款	11	违约金条款	17
具体的保密事项	12	法律救济条款	18
合作成果知识产权保护方式	13		

表7-3 主要合作成果调查

合作知识产权成果	问题号	题项
论文	19	发表篇数及地区
	20	实际著作权归属情况
	21	发表时间（专利前/专利后）
专利	22	数量及国别
	23	实际归属
计算机软件著作权	24	实际申请地
	25	数量
	26	归属
产生成果	27	新工艺（新方法、新模式）/新产品/新材料/新装备
技术秘密	28	数量
	29	归属情况
其他成果	30	

表7-4 知识产权侵权及其救济

纠纷及解决	问题号
是否有纠纷	31
纠纷争议点	32
纠纷解决方式	33

7.1.2 调研实施

本研究的目的是国际科技合作中的知识产权调查,因此将问卷填写对象限定为承担国家或广东省国际科技合作项目的项目负责人。项目负责人对项目整体有充分的认知,能够回答关于项目有关方面的信息问题。而且问卷涉及最终项目完成成果的调查,所以只对已处于完成状态的项目进行调查,在进行中的项目不在调查范围。一般而言,国家或广东省国际科技合作项目的执行期是两年。本调查于 2015 年进行,因此,问卷填写对象是 2011—2013 年承担国家或广东省国际科技合作项目的项目负责人。

在回收问卷方面,本研究一方面通过在广东省科技厅官网发布填写问卷通知,并电话联系重点科研院所组织填写;一方面对承担广东省国际科技合作项目的项目负责人发送邮件 310 封。两种方式都以电子版收集问卷。结合两种途径,最后收回的问卷一共 150 份,其中有效问卷为 148 份。

7.2 调查问卷统计特征

分析样本特征(表 7-5),样本涵盖了 31 个合作国别,既有欧美及日本等发达国家,也有马来西亚、菲律宾等发展中国家,其中和美国合作项目占比最大,占总体的 32.4%;按合作国别的经济发达程度来分析,所调查的项目大多数是和发达国家合作,百分比为 84.11%;所调查项目绝大多数为广东省科技计划项目,占 89.86%,其余为承担国家科技部国际科技合作项目;涵盖了广泛的专业领域,其中生物医药领域占比最多,为 47.9%,农业领域和新材料领域分列第二、第三位,分别占总体的 18.2% 和 14.8%;项目合作形式主要为合作研发和技术交流,两者占到总体的 66.15%;所调查的中方单位企业占比 16.22%,高校及科研院所比例为 79.73%;外方合作单位企业占比 13.07%,高校及科研院所占比 83.78%。

表 7-5 样本特征分布

样本特征	分类	频数	百分比/%
合作国别	发达国家及国际组织	127	84.11
	发展中国家及其他	24	15.89
专业领域	电子信息	6	4
	生物医药	71	47.9
	农业	27	18.2
	新材料	22	14.8
	光机电一体化	3	2
	资源与环境	7	4.7
	能源	3	2
	林业	3	2
	化工	1	0.6
	轻工	2	1.3
	交通	2	1.3
	农机	1	0.6
	畜牧业	1	0.6
	农产品加工	1	0.6
	其他	6	4
合作形式	合作研发	94	36.15
	技术交流	78	30.00
	人员培训	30	11.54
	合作调查	8	3.08
	聘请专家	6	2.31
	无偿援助	4	1.54
	技术转让	4	1.54
	合作生产	2	0.77
	学术会议	12	4.62
中方单位性质	企业	24	16.22
	高校	73	49.32
	科研院所	45	30.41
	其他	6	4.05

续表 7-5

样本特征	分类	频数	百分比/%
外方单位性质	企业	20	13.07
	高校	92	62.16
	科研院所	32	21.62
	其他	9	6.08

7.3 调查结果分析

7.3.1 主要合同条款调查分析

1. 签署合同

统计结果中，绝大多数项目都与外方签订了合同，占比 92.57%。

2. 法律适用条款

58.78%的项目在合同中约定了法律适用条款。其中，41.89%适用于中国法律，1.35%适用于合作方国法律，适用于第三国法律占比 3.38%，同时满足中国法律和外方法律的占比 13.51%。

3. 保密协议及条款

47.30%的项目签订了保密协议或保密条款。按照中方单位的性质来分析，66.67%的企业在合作时签订了保密协议，而只有 43.55%的高校及科研院所会在合作中签署保密协议。

其中，论文的发表与保密事项、商业秘密和专利申请前技术秘密的保密，三者的约定比例分别为 43.20%，31.20%和 20.80%。

按中方合作单位的性质来看，高校及科研院通常更注重论文的发表和保密事项，占比 46.94%，企业则更注重保密所接触的商业秘密，有 33.33%进行了约定，对比来看只有 17.35%的高校及科研院所约定此条款（表 7-6）。

表 7-6 保密条款的统计数据

样本特征	分类	论文的发表		专利申请前技术秘密的保密		商业秘密		其他	
		频数	百分比/%	频数	百分比/%	频数	百分比/%	频数	百分比/%
中方单位性质	企业	8	29.63	7	25.93	9	33.33	3	11.11
	高校及科研院所	46	46.94	32	32.65	17	17.35	3	3.06

4. 合作成果知识产权保护方式

大多数项目均选择以知识产权保护合作成果，占比91.22%。选择以商业秘密保护的项目占比4.05%，无知识产权保护占比4.73%。统计结果中，无知识产权保护的样本均来自高校。

在合作成果知识产权归属方面，约定了专利申请权的合作机构占比22.43%，约定了专利权归属的比例为27.21%，约定了论文的著作权属的占39.71%。

专利申请权和归属权约定是知识产权条款合同中比较基本的约定，但统计显示，只有约五分之一的合作机构对此进行了约定。论文的著作权约定比例略有上升。因为在统计样本中，高校占比较大，且高校更加关注论文的著作权。

在专利权归属条款约定方面，约定专利权许可的受访项目占比36.27%，专利权转让和后续专利权归属的约定比例分别占比30.39%和33.33%。

从统计结果可以看出三个选项比较均衡，在考虑约定专利权归属时，合作项目考虑到以上三个选项的频次十分接近；其中约一半的合作项目会同时考虑到有关专利权转让、有关专利权许可和后续专利权归属中的两个及以上，说明在约定了专利权归属条款的合作项目中，较多合作项目考虑比较周详。

约定了有关计算机软件著作权属占比1.84%，比例略低的原因之一是电子领域的受访项目仅占比4%。

74.32%的受访者约定了科技合作中产生的知识产权的使用。

总样本中，占比82.43%的合作项目没有约定违约金条款。而从企业样本中看，没有约定违约金的项目比例下降到58.33%，也就是说从高校和科研院所样本中看，没有约定违约金的比例相当高，占比87.1%。由此我们看出，企业比高校及科研院所更加注重合作项目中的经济权利（表7-7）。

表7-7 违约金条款统计数据

类别	分类	合同中是否有违约金条款			
		是/条	占比/%	否/条	占比/%
总样本		26	17.57	122	82.43
中方单位性质	企业	10	41.67	14	58.33
	高校及科研院所	16	12.90	108	87.10

总样本中，19个受访单位约定了法律救济条款，26个受访单位约定了违约金条款，而同时选择了违约金条款和法律救济条款的样本为13个。

事实上，在国际科技合作中发生的侵犯知识产权的行为，主要的救济方式包括要求侵权方停止侵权、支付违约金、赔偿损失，并可要求赔礼道歉等。支付违约金是法律救济方式之一。理论上讲，约定违约金的样本数量应小于或等于约定救济条款的样本数量。而样本中由于受访单位对法律救济条款不了解，出现认为自己约定违约金条款而并没有约定法律救济条款的现象。

由此，约定了法律救济条款的实际数量应为约定法律救济条款的样本量＋约定违约金条款的样本量－已同时选择了约定法律救济条款、违约金条款的样本量。经过分析，得到表7－8。

表7－8 法律救济条款统计数据

类别	分类	合同中是否有法律救济条款			
		是/条	占比/%	否/条	占比/%
总样本		32	21.62	116	78.38
中方单位性质	企业	12	50.00	12	50.00
	高校及科研院所	20	16.13	104	83.87

21.62%的受访单位约定了法律救济条款，按受访单位的性质分析，50%的企业约定了法律救济的条款，而仅有16.13%的高校及科研院所约定了法律救济条款。以违约金救济方式约定了法律救济条款的受访单位占比17.6%。

7.3.2 主要合作知识产权成果

1. 发表论文

论文是绝大多数受访项目的合作成果之一，有85.14%的样本发表了论文，平均发表论文4.88篇，在国内期刊上平均发表3.85篇，在国际期刊上平均发表2.88篇。发表论文最多的一个合作项目为84篇；在发表了论文的合作项目中，论文实际著作权归属中方作者比例为64.8%，归双方作者比例为30.5%，归外方作者占比4.7%。

2. 申请专利

在148个调查样本中，84个样本申请了专利，占比56.7%，平均申请专利2.94项。按照总体样本计算，平均申请专利1.66项；其中，国内平均申请专利1.79项。有10家，即6.75%的中方单位申请了国际专利，最多的一家申请了10项。按中方合作单位性质来统计，企业平均申请专利2项，高校及科研院所平均申请专利1项（表7－9）。

专利实际归属中方单位占比84.9%，归外方占比1.1%，归共同所有占比14%。专利的申请地为中国内地占比94.1%，为美国的比例为2.3%。

结合专利的申请地来分析专利实际归属的统计数据，可能的原因如下，一方面，在中方政府资助的合作项目中，中方的投入和贡献占据主导地位。另一方面，中方项目单位可能在未告知外方的情况下，独自申请了专利。以上两方面原因形成了项目实际产生的专利大部分都归中方单位的现象。

表7-9 主要合作知识产权成果数据统计

中方合作单位性质	平均发表论文/篇	平均申请专利/项
企业	5.3	2
高校及科研院所	4.8	1

企业发表论文与申请专利的平均数均高于高校及科研院所。

3. 计算机软件著作权

5.4%的项目产生了计算机软件著作权，其中62.5%归属权为中方所有。

4. 技术秘密

12.1%的项目产生了技术秘密，最多的产生了4项。其中，62.5%归中方所有，归共同所有的比例为4.7%。

5. 其他合作成果

66.2%的项目产生了其他合作成果，其中，新工艺（新方法、新模式）为最多，占比52.6%，新产品、新材料和新装备分别占比30.6%，10.2%，7.1%。

从统计结果可以看出，论文、专利、计算机软件著作权和技术秘密归属权为中方所有的比例分别为58%，84.9%，62.5%和62.5%，均超过半数。而从合作成果知识产权保护方式的统计来看，对论文、专利、计算机软件著作权归属进行约定的均不超过三分之一。通过两者的对比，我们可以推断，中方机构在知识产权合同中考虑不周详容易带来合作中知识产权的争议或纠纷。

7.3.3 合同的纠纷及解决

在统计样本中，有3家遇到了知识产权合同纠纷，其中2家为侵犯第三方知识产权。纠纷的解决方式均为协商。

根据中方整体统计样本来看，由于约定条款的不全面，很有可能出现知识产权合同纠纷。但在纠纷调查一节中，统计结果并没有验证推断。这可能由于以下原因：①样本量有限；②由于知识产权的特点，合作方不清楚是否存在侵权行为；③受访者不想向外透露侵权行为。

7.2.4 合作经验及教训

调查问卷最后一个题目为开放式问题，调查开展国际科技合作中，与知识产权保护有关的主要问题和合作经验、教训。

在回收的 148 个问卷中，有 75 个受访项目，即超过半数的受访者回答了此问题，补充说明了调查问卷中关于签订知识产权条款、论文及专利归属权等事项。

通过数据统计分析和开放式问题的总结归纳，我们可以得出调查结论。

7.4 调查结论

7.4.1 参与国际科技合作的中方主体普遍具有知识产权保护意识

从回收的调查问卷结果看，绝大多数国际科技合作项目都签订了合同，占比 92.57%。合同是规定合作各方权利义务的依据，也是实现知识产权国际保护的基础。没有签订合同的 11 个受访单位，经过后续访谈了解，均和外方签订了合作框架协议，协议中也有和外方的知识产权约定，只不过有的相对简单，比如有一家受访单位在合作协议中关于知识产权的约定只有一句"中方单位同意研究成果共享"。

大多数国际科技合作项目均选择以知识产权保护合作成果，占比 91.22%，选择以商业秘密方式保护的项目占比 4.05%，无知识产权保护的项目占比 4.73%，且样本均来自高校。高校的参与主体应该不缺乏知识产权意识，更大的可能是合作项目只是一般的学术交流研讨，不涉及核心和关键技术，可能没有利用知识产权进行保护的必要。所以总体而言，可以认为国际科技合作项目均考虑到知识产权保护的问题，参与主体普遍具有知识产权保护意识。

7.4.2 国际科技合作协议涉及知识产权保护核心内容不完备

项目成果的所有权和开发应用、收益分配和后续成果的权利义务约定等是国际科技合作知识产权保护的核心内容。从回收的有效问卷情况看，约定了专利申请权的合作项目占比 22.43%，约定了专利权归属的合作项目占比 27.21%，约定了论文著作权属的合作项目占比 39.71%，其他项目要么没有约定，要么约

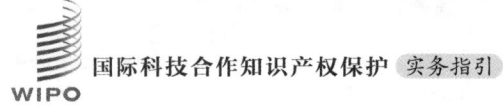

定笼统含糊，在实践中容易导致争议和纠纷。

保密协议或条款也是科技合作协议的核心内容。调查显示，仅有47.30%的合作项目签订了保密协议或保密条款。按合作单位性质区分，66.67%的企业在开展合作时签订了保密协议，而高校和科研机构这个比例仅有43.55%。不论从哪一个角度，对保密都没有足够的重视。

7.4.3 对国际科技合作协议纠纷解决和违约救济不够重视

148个调查样本中，合作协议包含法律救济条款的仅有32个，占比21.6%。更耐人寻味的是，由于调查问卷采用了违约金和法律救济两个交叉概念，在26个约定了违约金条款的受访单位中有50%即13个受访单位认为自身没有约定法律救济条款，这反映了中方机构对知识产权侵权救济法律概念的不了解。而接近80%的合作协议没有违约法律救济条款，则说明签约者对合同或有的风险、可能产生的纠纷，以及纠纷的合理解决不够重视，抱有侥幸心理。

对合同纠纷及解决的调查显示有3个受访单位遇到知识产权纠纷，其中2个单位涉及侵犯第三方知识产权。由于知识产权侵权比较隐秘也牵涉到合作各方的利益纠葛，我们无法判断这个数据的真实性。但是，3个纠纷最后都是以协商方式解决，倒是与合作协议法律救济条款不完备的事实相互印证。

7.4.4 对国际科技合作协议的法律适用问题缺乏全面考虑

由于是国际合作，法律适用也是一个很重要的问题。调查显示，仅有58.78%的合作项目在合同中约定了法律适用条款，并且倾向于适用中国法律。没有约定法律适用增加了解决未来或有纠纷的不确定性。适用中国法律虽然便于理解和把握，但在外方侵权的情况下，适用中国法律未必能使我方利益得到最好的保护，毕竟中国法律并没有域外管辖权力。从某种程度上，倾向适用中国法律也反映出中方合作主体对国际法的陌生以及相应法律服务的缺失。

7.5 政策建议

7.5.1 项目评审中对知识产权条款进行实质性打分

2016年广东省国际科技合作项目申报指南中已有明确的知识产权条款要求，即申报材料须提交中外合作双方签订的相关项目合作协议。协议中须包含知识产权归属、权益分配等要件。形式审查时，政府主管部门将对协议中有无知识产权条款进行审查，专家评审阶段则不对知识产权条款进行考量。

为了进一步推动国际科技合作，给申报机构更长时间准备申报材料，有专家建议2017年的项目申报指南考虑将与外方协议的要求放宽：申报时可只提交中外合作双方签订的意向书，但在签订项目合同书之前必须与外方在原意向书基础上签订正式合作协议并作为合同附件提交。这种方式固然有利于广东省机构开展政府资助下的国际科技合作。但如果不在知识产权保护条款方面进行补充要求，则可能会造成知识产权管理疏漏。

建议项目评审标准中增加对知识产权条款的评价，请评审专家对知识产权条款完备周详程度进行实质性打分，从而引导合作机构从"是否进行知识产权保护"（是否约定了知识产权条款）到"如何有效地进行知识产权保护"（相关条款是否完备周详）。对于申报时提交的合作意向书应有关于知识产权条款的格式要求，在立项之前，应要求正式协议的知识产权条款与意向书一致方可进行立项。签订立项合同时，须明确约定项目承担单位管理、保护研究成果知识产权的义务。

7.5.2 项目验收中把知识产权管理作为一项考核内容

国际科技合作项目对知识产权的保护与管理应是闭合的一环。立项时进行评审，验收时则应进行考核。建议政府主管部门在组织项目验收时，要求项目承担单位提交项目知识产权管理说明和知识产权成果清单，验收专家需依据项目合同的约定对所涉及的知识产权管理和保护情况进行审查，并作为项目是否完成的重要考核指标。对未完成合同约定知识产权目标的项目，承担单位必须提交情况说明报告。其知识产权管理状况可作为项目申报者今后其他项目是否立项的参考。

7.5.3 加强国际科技合作知识产权管理培训

当前科技从业人员均已具备了基本的知识产权保护意识，但在知识产权保护知识方面仍相当匮乏。统计结果显示，大部分国际科技合作项目负责人对知识产权协议中的必备条款、核心内容比较陌生。而开展针对性培训是提升科技从业人员知识产权知识储备有效快捷的方式之一。

建议政府主管部门每年定期组织国际科技合作知识产权管理培训，面向开展国际科技合作尤其是承担国际科技合作项目的科研机构、高科技企业以及科研管理干部设置课程，普及知识产权法律法规，强化国际公约惯例的认识理解，加强对知识产权协议的签署和纠纷的解决等方面的知识和实务培训。

7.5.4 支持中介机构开展知识产权咨询服务

广东省政府设立的科技项目促成了一批具有自主知识产权的科技成果，科技经费也在逐年增加，但目前配套的知识产权服务基本上处于空白。

大型企业普遍设有专门的知识产权管理部门，科技型中小企业面对知识产权保护与管理问题上则往往心有余而力不足。此时优质的中介服务机构在推动企业知识产权工作中起着举足轻重的作用。

建议政府主管部门设立专门的知识产权服务经费，支持中介机构为承担广东省科技计划项目的申报单位提供配套的咨询服务，为企业提供专业的知识产权服务力量。

7.5.5 适时修改广东省科技计划知识产权管理办法，把国际科技合作知识产权问题补充成为专章

科技计划项目的知识产权管理应当有相应的管理办法作为保证，具有严格的管理制度，管理程序，科技行政管理部门、科技计划管理单位、科技计划项目承担单位，以及参与项目实施的个人均有明确的权利和义务，确保实现科技计划项目知识产权管理目标。广东省政府在1999年发布的《广东省科学技术计划知识产权管理办法》，已滞后于目前广东省科技计划项目知识产权管理的需要。

近几年，广东省不断扩大对外科技交流，逐步形成了全方位、多领域、深层次的国际科技合作格局。随着国际科技合作的形式日趋多样化，其中存在或潜在的知识产权保护问题也日益显现。相对于其他科技计划项目，国际科技合作项目由于涉及多国主体的合作，存在着更大的知识产权流失、泄密等可能，从而导致知识产权纠纷。

建议政府主管部门适时修改广东省科技计划知识产权管理办法，并且将国际科技合作知识产权问题补充成为专章。

参考文献

[1] 张艳,李敬阳. 知识产权制度助推供给侧结构性改革的机理研究[J]. 商业经济研究,2018(19):190-192.

[2] 潘永. 知识产权保护与国际科技合作[J]. 北方经贸,2004(6):20-21.

[3] 潘永. 国际合作中的知识产权保护问题[J]. 引进与咨询,2004(12):74-75.

[4] 孔奕雯. 浅析我国知识产权保护的现状及对策[J]. 法制与社会,2008(14):5.

[5] 张世专,王大明. 关于实质性国际科技合作的理想模型[J]. 中国科学院院刊,2011,26(5):597-605.

[6] 李培杰. 加强国际科技合作 实现重点技术领域的跨越式发展[J]. 中国高校科技与产业化,2005(8):40-43.

[7] 罗如意,童李文. 提升国际科技合作水平 推进天堂创新发展[J]. 杭州科技,2014(3):14-18.

[8] 苏建琪. 金融专利:达摩克利斯之剑[J]. 农村金融研究,2003(11):5-10.

[9] 徐红燕,吴国平. 刍议电子数据库的知识产权保护[J]. 未来与发展,2012,35(5):21-24.

[10] 金洋. 我国商业秘密法律保护的问题及完善[J]. 法制博览,2019(8):223.

[11] 王富强. 植物新品种名称应受法律保护[J]. 人民司法,2010(24):43-45.

[12] 李博,李海燕. 我国知识产权发展存在的问题及其对策探析[J]. 价格理论与实践,2006(4):35-36.

[13] 韦晓云. 中药品种知识产权保护实质探析[J]. 科技与法律,2005(4):60-66.

[14] 祝建军. 集成电路布图设计专有权的保护[J]. 人民司法,2011(4):95-98.

[15] 吴离离. 中国知识产权政策的修改与完善及其对创新的影响[J]. 科技致富向导,2011(29):140-141.

[16] 陶永周. 侵犯植物新品种权的法律责任以及事实证据的举证和采信[J]. 北京农业,2012(15):276-277.

[17] 马俊凤,王佳. 谈谈专利权的客体[J]. 中国航天,2012(6):42-46.

[18] 卞修斌. 浅析网页作品版权保护相关问题[J]. 市场周刊(理论研究),2012(8):56,75.

[19] 邹立尧,张琳,韩建国. 关于国家自然科学基金国际合作与交流工作的几点思考[J]. 中国科学基金,2005(3):168-170,173.

[20] 饶先成. 计算机字体库软件版权双重性及其保护[J]. 安庆师范学院学报(社会科学版),

2012, 31 (1): 74-77.

[21] 王莲峰. 制定我国地理标志保护法的构想 [J]. 法学, 2005 (5): 69-74.

[22] 林森. 知识产权请求权——知识产权的保护伞 [J]. 财经政法资讯, 2013 (5): 16-22.

[23] 袁真富. 发现权诸问题与新展望 [J]. 中国发明与专利, 2009 (11): 21-25.

[24] 刘旭东, 龚兵. 中俄科技合作中知识产权归属问题 [J]. 黑龙江省政法管理干部学院学报, 2009 (5): 140-143.

[25] 莫凡. 提高我国科技创新水平的思考 [J]. 宏观经济管理, 2011 (3): 49-50.

[26] 刘春田. 知识产权法 [M]. 北京: 中国人民大学出版社, 1999: 56-90.

[27] 徐开翟, 林朝熙. 国际科技合作中的知识产权保护 [J]. 科学新闻, 2001 (42): 14-15.

[28] 杨小翠. 论计算机软件的专门立法保护 [J]. 科技资讯, 2006 (7): 250-251.

[29] 孙玮. 计算机软件的专利保护探讨 [J]. 安徽水利水电职业技术学院学报, 2007 (1): 59-61.

[30] 夏辰旭. 中国知识产权法律制度的历史发展与变革 [J]. 人民论坛, 2013 (14): 128-129.

[31] 习近平. 齐心开创共建"一带一路"美好未来: 在第二届"一带一路"国际合作高峰论坛开幕式上的主旨演讲 [J]. 中国科技产业, 2019 (5): 8-10.

[32] 昌校宇. 习近平在"一带一路"高峰论坛上释放出10个物流信号 [J]. 大陆桥视野, 2019 (5): 12-14.

[33] 詹映. 《反假冒贸易协定》(ACTA) 的最新进展与未来走向 [J]. 国际经贸探索, 2014, 30 (4): 96-108.

[34] 杨舒博, 黄健. 改革开放40年中国知识产权制度变迁的动因分析 [J]. 中国科技论坛, 2019 (4): 35-41.

[35] 吴汉东. 中国知识产权法律变迁的基本面向 [J]. 中国社会科学, 2018 (8): 108-125, 206-207.

[36] 王莲峰, 梁萍, 竺盈琼. 知识产权国际化趋势对我国知识产权立法的影响 [J]. 知识产权法研究, 2008 (1).

[37] 杨静, 朱雪忠. 中国自由贸易协定知识产权范本建设研究: 以应对TRIPS-plus扩张为视角 [J]. 现代法学, 2013, 35 (2): 149-160.

[38] 刘劭君. 知识产权国际规则的内在逻辑、发展趋势与中国应对 [J]. 河北法学, 2019, 37 (4): 62-71.

[39] 陈竺. 知识创新工程与新世纪国际科技合作 [J]. 科学新闻, 2002 (13).

[40] 赵文. 中国专利密集型产业2030增长预测及高质量发展思路 [J]. 北京工业大学学报 (社会科学版), 2019, 19 (2): 13-21.

[41] 张琰, 姚卫浩, 田旸. 高校涉外科研合作中知识产权的保护和应用 [J]. 北京教育 (高教), 2018, 822 (6): 85-87.

[42] 唐豪臻. 国际科技合作中的"达摩克利斯之剑": 以知识产权归属法律原则为经纬 [J]. 赤

峰学院学报（哲学社会科学版），2016，37（7）：65-69.

[43] 关皓元，曾路. 国际科技合作理论与政策实践评述及对广东的启示 [J]. 科技管理研究，2016，36（11）：37-41.

[44] 樊春良. 对外开放和国际合作是如何帮助中国科学进步的 [J]. 科学学与科学技术管理，2018，39（9）：3-20.

[45] 郑士贵. 从国际科技合作研究的法律特征看其成果的归属和分享 [J]. 管理科学文摘，1997（4）：37.

[46] 贾文中，王炯. 从国际科技合作研究的法律特征看其成果的归属和分享 [J]. 科学管理研究，1996（3）：39-42.

[47] 唐淑艳. 高等教育国际合作中的知识产权保护研究 [J]. 中国高校科技，2016（8）：25-27.

[48] 王艳林. 论科技法的任务 [J]. 河南财经政法大学学报，2011，26（2）：155-158.

[49] 陈强，高凌云，常旭华，等. 主要发达国家与地区国际科技合作的做法及启示 [J]. 科学管理研究，2013，31（6）：106-109.

[50] 黄军英. 从特朗普政府 2020 财年研发预算指南看美国科技创新走向 [J]. 科技中国，2019（3）：17-19.

[51] 袁永，王子丹. 特朗普政府有关科技创新政策研究 [J]. 科学管理研究，2018，36（4）：99-102.

[52] 张鑫，田杰棠. 特朗普科技创新政策走向、影响与对策 [J]. 发展研究，2018，382（6）：14-19.

[53] 罗勇. 特朗普政府科技政策前瞻 [J]. 全球科技经济瞭望，2017，32（4）：13-19.

[54] 任泽平. 特朗普税改：主要内容、影响、全球减税竞争与中国税改——供给侧改革系列研究 [J]. 发展研究，2018（2）：42-52.

[55] 徐则荣，郑炫圻，陈江滢. 特朗普科技创新政策对美国的影响及对中国的启示 [J]. 福建论坛（人文社会科学版），2019（2）：18-26.

[56] 赵刚. 中美科技关系发展历程及其展望 [J]. 美国研究，2018，32（5）：9-25+5.

[57] 樊春良. 特朗普政府一年来的科技政策分析与展望 [J]. 科学学与科学技术管理，2018，39（2）：3-10.

[58] 杨长湧. 美国出口管制体系改革及我国的应对策略 [J]. 中国经贸导刊，2015（3）：35-37.

[59] 杜婕. 美国武器禁运和技术限制政策与中国国防工业发展 [J]. 南京政治学院学报，2014，30（1）：98-103.

[60] 李欣，马玲. 涉知识产权类公证事项主要办证参考依据 [J]. 中国公证，2019（4）：24-31.

[61] 樊静，郑颖慧. 政府资助科技项目中的知识产权利益配置问题探讨 [J]. 保定学院学报，2010，23（6）：62-65.

[62] 叶卫平. 知识产权保护限度的反思和平衡：以《深圳经济特区知识产权保护条例》为视角[J]. 地方立法研究, 2019, 4 (1): 26-34.

[63] 李法庆, 李娜. 科技特派员培训工作探讨[J]. 情报杂志, 2010, 29 (S1): 338-340.

[64] 厉春雷. 商标：企业品牌的法律形态[J]. 现代营销（学苑版）, 2011 (2): 48-49.

[65] 万浩, 黄武双. 论国有科技成果权属制度：使用权"类所有权"化[J]. 科技与法律, 2019 (1): 40-49.

[66] 曹丽荣. 我国基因专利保护范围界定的思考[J]. 河北法学, 2010, 28 (12): 104-110.

[67] 姚丽华. 浅析研发费加计扣除政策中委托研发问题[J]. 经贸实践, 2019 (2): 144-145.

[68] 胡朝阳. 科技进步法第20条和第21条的立法比较与完善[J]. 科学学研究, 2011, 29 (3): 327-332.

[69] 孙志国, 王树婷, 熊晚珍, 等. 湖北粮食的地理标志知识产权保护现状与发展对策[J]. 湖北农业科学, 2012, 51 (18): 4158-4161, 4177.

[70] 彭爽, 张晓东. 论美国的出口管制体制[J]. 经济资料译丛, 2015 (2): 24-41.

[71] 张群卉, 江海潮. 高新技术产品出口管制与贸易顺差的协整分析[J]. 对外经贸, 2013 (3): 15-17.

[72] 黄建华, 黄舫溇. 美国对构建美中新型大国关系的心态分析[J]. 宁夏党校学报, 2016, 18 (3): 94-97.

[73] 孙海燕. 科技外交提出的国际科技合作背景研究[J]. 科学管理研究, 2019, 37 (1): 117-120.

[74] 姜桂兴. 英国面向2030年的科技创新政策研究[J]. 全球科技经济瞭望, 2018, 33 (1): 1-6.

[75] 张翼燕. 脱欧后英国的科技与创新政策动向[J]. 全球科技经济瞭望, 2017, 32 (1): 1-6.

[76] 戴建军. 深化国家科技计划对外开放 加强合作创新[J]. 发展研究, 2014 (1): 84-87.

[77] 崔一鸣. 英国希望参与下一阶段欧盟研究与创新计划[J]. 世界教育信息, 2018, 31 (17): 79.

[78] 屈广清, 陈小云. 英国知识产权法律适用研究[J]. 知识产权, 2006 (1): 69-73.

[79] 程慧. 英国出口管制进展与中英高新贸易[J]. 经济, 2012 (12): 86-88.

[80] 刘凯琳, 马磊, 赵永霞. 世界纺织版图与产业发展新格局（一）：欧洲篇[J]. 纺织导报, 2019 (1): 43-58.

[81] 何文韬, 黄宝磊. 中国知识产权海关保护的技术创新激励效应研究[J]. 财经问题研究, 2019 (5): 33-40.

[82] 杨宁, 耿燕. 英国技术出口管制体系对我国开展国际科技合作的启示[J]. 中国高校科技, 2016 (Z1): 80-83.

[83] 宗建亮. 英国对外贸易现状与中英贸易分析[J]. 贵州社会科学, 2007 (2): 139-142.

[84] 张晓琪, 杨一雪. 英国国内经济与对外贸易现状分析[J]. 现代商贸工业, 2010, 22 (21): 126-127.

[85] 欧盟发布第三期"地平线2020计划"(2018—2020年)[J]. 军民两用技术与产品, 2018(1): 9.

[86] 丁道勤. 欧盟FP7知识产权管理经验值得借鉴[J]. 世界电信, 2009, 22(5): 27-30.

[87] 谭启平.《欧盟研究、技术开发及示范活动第七框架计划》及其参考借鉴价值[J]. 科技与法律, 2014(4): 656-673.

[88] 范英杰, 刘丛强. 欧盟科技国际合作战略分析及启示[J]. 中国科学基金, 2017, 31(4): 364-370.

[89] 戴乐, 董克勤. 欧盟第八、九研发框架计划比较分析及影响和启示[J]. 全球科技经济瞭望, 2018, 33(9): 47-53.

[90] 张敏. 中欧科技创新伙伴关系的新变化与新趋势[J]. 区域经济评论, 2018(5): 28-32.

[91] 张翼燕. 欧洲2021—2027数字化转型支持五大领域[J]. 科技中国, 2018(9): 92-93.

[92] 耿燕. 以色列促进产业研发政策研究[J]. 产业与科技论坛, 2016, 15(21): 100-102.

[93] 张倩红, 刘洪洁. 国家创新体系: 以色列经验及其对中国的启示[J]. 西亚非洲, 2017(3): 28-49.

[94] 耿燕, 张业倩. 国际技术转移可持续发展模式研究及启示[J]. 科技和产业, 2018, 18(5): 117-120.

[95] 崔玉亭, 李鸿炜. 以色列创新创业生态系统分析与中以合作模式探索[J]. 全球科技经济瞭望, 2017, 32(Z1): 74-81.

[96] 连政. 以色列企业如何做强科技创新[N]. 联合时报, 2016-05-24(6).

[97] 李涛. 哈尔滨市同以色列基于"双创"领域的合作研究[J]. 边疆经济与文化, 2018(8): 15-17.

[98] 王世春. 中小企业创新国际化之"江苏模式": "江苏—以色列产业研发合作计划"案例浅析[J]. 中国高校科技, 2014(3): 70-71.

[99] 陆缘, 陈颖. 中国、以色列著作权法律制度的比较研究[J]. 大众文艺, 2017(19): 226-228.

[100] 孔祥浩. 以色列技术转移机制和模式研究的作用[J]. 价值工程, 2013, 32(12): 5-7.

[101] 黄敏聪. 美、德、日、韩国际科技合作的特点分析[J]. 科技视界, 2016(21): 249-250.

[102] 敖青. 日本国际科技合作的政策与组织模式探讨: 以日本学术振兴会为例[J]. 科技创新发展战略研究, 2018, 2(3): 50-57.

[103] 李平, 陈志恒. 日本知识产权保护的经验及对我国的启示[J]. 现代日本经济, 2003(6): 38-41.

[104] 徐小丽. 典型国家(地区)承接国际技术转移模式及趋势分析[J]. 企业技术开发, 2012, 31(26): 22-24.

[105] 麻剑辉, 柯冬英. 知识经济下的日本知识产权保护及对我国的借鉴意义[J]. 现代日本经济, 2002(2): 36-40.

[106] 曲三强. 知识产权立国: 21 世纪日本富国强邦的梦想 [J]. 电子知识产权, 2004 (6): 60.

[107] 王道仁, 傅俊英. 中日韩科技情报机构对比分析 [J]. 情报探索, 2015 (8): 45-49.

[108] 郭秋萍. 中日知识产权战略比较与分析 [J]. 郑州航空工业管理学院学报, 2007 (4): 24-26.

[109] 郑楠. 国际贸易与知识产权保护 [J]. 中国新技术新产品, 2009 (20): 226.

[140] 马虎兆, 马辉. 对外贸易中知识产权执法保护的国际经验 [J]. 国际经贸探索, 2009, 25 (2): 77-81.

[111] 吴寿仁. 关于企业的科学技术知识产权保护合同 [J]. 科技管理研究, 1998 (4): 18-19, 45.

[113] 耿燕, 吴汉荣. 广东省国际科技合作项目知识产权协议调查分析 [J]. 中国高校科技, 2016 (12): 24-27.

[113] 叶乘伟. 当代国际科技合作模式研究 [D]. 广西大学, 2005.

[114] 江中胜. 吉林省与俄罗斯技术合作的长期机制研究 [D]. 吉林大学, 2007.

[115] 李楠. 基于自主创新的国际科技合作平台运行机理研究 [D]. 吉林大学, 2008.

[116] 冉波. 国家区域一体化行为的一般解析 [D]. 暨南大学, 2005.

[117] 马铭. 论国际科技合作中的知识产权归属 [D]. 华中科技大学, 2008.

[118] 吕德快. 发现权制度若干问题研究 [D]. 浙江工商大学, 2008.

[119] 王超. 国际科技合作中的知识产权归属问题研究 [D]. 厦门大学, 2006.

[120] 董雪兵. 软件知识产权保护制度研究 [D]. 浙江大学, 2006.

[121] 孙安斗. 计算机软件知识产权的国际保护研究 [D]. 哈尔滨工程大学, 2008.

[122] 王启莺. 知识产权法对计算机软件的保护 [D]. 2005.

[123] 张红国. 论计算机软件的著作权保护 [D]. 贵州大学, 2007.

[124] 曾珂. 软件知识产权保护路径研究 [D]. 同济大学, 2008.

[125] 刘丰. 关于我国计算机软件的知识产权保护问题研究 [D]. 武汉理工大学, 2008.

[126] 柏昊. 虚拟网络型产业的技术学习研究 [D]. 合肥工业大学, 2007.

[127] 戴阿明. 文化产品盗版现象的经济分析 [D]. 吉林大学, 2010.

[128] 赵瑞瑞. 国际科技合作知识产权保护策略研究 [D]. 黑龙江: 哈尔滨理工大学, 2010.

[129] 杨巧实. 欧盟重大科技计划实施中的跨国科技合作研究 [D]. 哈尔滨工业大学, 2008.

[130] 祁胜举. 福建省国际科技合作中知识产权问题调查与分析 [D]. 厦门大学, 2006.

[131] 毕波. 科学技术发展对外交关系的影响及其应对策略研究 [D]. 渤海大学, 2016.

[132] 程慧. 我国优势战略矿产资源出口管制问题研究 [D]. 中国地质大学, 2012.

[133] 方坤富. "问题专利"法律规制比较研究 [D]. 复旦大学, 2008.

[134] 梁芳. 科学发展观视阈下网络知识产权保护与制度发展研究 [D]. 兰州理工大学, 2014.

[135] 严和. 中国—以色列科技产业合作研究 [D]. 四川外国语大学, 2017.

[136] 高静. 以色列科技研发与成果转化国际合作研究 [D]. 对外经济贸易大学, 2015.

[137] 杨怡. 大数据时代深圳市政府人才综合服务平台建设研究 [D]. 湖南大学, 2018.

[138] 徐丽娜. 国际知识产权保护的演变与发展趋势研究 [D]. 沈阳工业大学, 2006.

[139] 江孔华. 中以国际科技合作创新园公司发展战略研究 [D]. 吉林大学, 2016.

[140] 王波兰. 深圳市区域技术转移服务体系优化研究 [D]. 天津大学, 2015.

[141] 邵建. 杭州市科技计划项目的知识产权管理体系研究 [D]. 浙江大学, 2006.

[142] 国家知识产权局. 中国知识产权年鉴 [M]. 北京：知识产权出版社, 2017：50-89.

[143] 国家保护知识产权工作组. 知识产权法律法规及国际规则汇编 [M]. 北京：人民出版社, 2008：202-405.

[144] 郑成思. 世界贸易组织与贸易有关的知识产权 [M]. 北京：中国人民大学出版社, 1996：28-84.

[145] 苏敬勤, 冯欣杰. 世界知识产权保护与国际技术贸易 [M]. 大连：大连理工大学出版社, 2000：88-116.

[146] 吴汉东. 知识产权国际保护制度研究 [M]. 北京：知识产权出版社, 2007：145-253.

[147] 齐俊妍. 国际技术转让与知识产权保护 [M]. 北京：北京交通大学出版社, 2010：103-198.

[148] 罗玉中. 科技法学 [M]. 武汉：华中科技大学出版社, 2005：473-506.

[149] 昌祯. 中国科技法学 [M]. 上海：复旦大学出版社, 1999：610-628.

[150] 文希凯. 中国专利教程：专利法释义 [M]. 北京：专利文献出版社, 1994：18, 33-89, 119, 141.

[151] 薛虹. 十字路口的国际知识产权法 [M]. 北京：法律出版社, 2012：43.

[152] 张正伦. 中国公众的科学技术素养 [M]. 北京：中国科学技术出版社, 1991：45-87.

[153] 李恒阳. 美国不扩散出口管制政策分析 [M]. 北京：中国社会科学出版社, 2012：101-147.

[154] 张群卉. 高新技术产品出口管制研究 [M]. 北京：经济科学出版社, 2012：56-89.

[155] 毕克新, 李婉红等. 国际科技合作知识产权保护与对策研究 [M]. 北京：科学出版社, 2012：13-60.

[156] 陈强教授课题组. 主要发达国家的国际科技合作研究 [M]. 北京：清华大学出版社, 2015：5-16, 45-65.

[157] 张玉敏. 中国欧盟知识产权法比较研究 [M]. 北京：法律出版社, 2005：80-102.

[158] 李明德. 欧盟知识产权法 [M]. 北京：法律出版社, 2010：35-94.

[159] 日本科技创新态势分析报告课题组. 日本科技创新态势分析报告 [M]. 北京：科学出版社, 2014：150-161.

[160] 中国保护知识产权志愿者集体编写. 中国企业知识产权海外维权手册 [M]. 北京：人民出版社, 2008：85-99.

[161] 冯晓青. 知识产权合同专题判解与学理研究 [M]. 北京：中国大百科全书出版社, 2010：154-186.

[162] 马东晓. 知识产权律师实务与法律服务技能 [M]. 北京：法律出版社，2011：240-266.

[163] 吴汉东. 知识产权是创新发展的制度支撑和法律保障 [N]. 中国知识产权报，2015-04-10 (1).

[164] 王伟中. 加强中美人文交流 提升科技合作水平 [N]. 经济日报，2013-11-21 (13).

[165] 戴建军. 加强合作创新 深化国家科技计划对外开放 [N]. 科技日报，2014-01-27 (1).

[166] 王苇航. 2018年欧盟预算案有哪些特点 [N]. 中国财经报，2018-03-17 (8).

[167] 孙志燕. 以色列以创新驱动经济发展的政策措施及借鉴 [N]. 中国经济时报，2013-03-01 (5).

[168] 中国国际科技合作协会. 国际科技合作中的知识产权问题调查报告 [R]. 北京：中国国际科技合作协会，2007.

[169] Sisule Musungu, Graham Dutfield. Multilateral Agreements and a TRIPS-plus World: The World Intellectual Property Organization[R]. Geneva: QUNO/Geneva and QUIAP/Ottawa, 2003: 3.

[170] 国际科技合作司. 2012外事培训：国际科技合作中的知识产权基本知识 [R]. 北京：中华人民共和国科学技术部，2012.

[171] 政策法规司. 欧盟第七框架计划项目知识产权规则指南 [R]. 北京：中华人民共和国科学技术部，2010.

[172] 刘昭东. 国际科技合作中的知识产权协议参考文本 [R]. 北京：中国国际科技合作协会，2012.

[173] 中国国际科技合作协会. 国际科技合作中的知识产权管理培训材料（1-6分册）[Z]. 北京：中国国际科技合作协会，2009.

[174] Wikipedia. Scott Report [EB/OL]. http://en.wikipedia.org/wiki/Scott_Report, 2019-05-06.